盛世企业家管理思想库
SS Think Tank Of The Outstanding Entrepreneurs

BEING A VALUABLE COMPANY

做一家值钱的企业

徐新颖 ◎ 著

人 民 邮 电 出 版 社

北 京

图书在版编目（ＣＩＰ）数据

做一家值钱的企业 / 徐新颖著. -- 北京 ：人民邮电出版社，2016.10（2020.5重印）
（盛世企业家管理思想库）
ISBN 978-7-115-43740-2

Ⅰ．①做… Ⅱ．①徐… Ⅲ．①企业经营管理 Ⅳ.
①F272.3

中国版本图书馆CIP数据核字(2016)第231243号

内 容 提 要

本书一语道破"值钱"是企业经营的核心，摒弃矫情与空话，干脆利落、清晰明了地显现了企业踏上资本之路的 3 个关键——融资、上市、股权、帮助企业家打造值钱的增值系统，带领所有对企业运营和资本运作感兴趣的读者，以及相关从业一起破译真正的资本之谜！本书适合中小企业家、高级企业管理人员、金融机构管理人员，以及对投融资、上市、股权分配感兴趣的读者阅读与学习。

◆ 著　　　　　徐新颖
责任编辑　赵　娟
责任印制　彭志环

◆ 人民邮电出版社出版发行　　北京市丰台区成寿寺路 11 号
邮编　100164　电子邮件　315@ptpress.com.cn
网址　http://www.ptpress.com.cn
三河市中晟雅豪印务有限公司印刷

◆ 开本：880×1230　1/32
印张：9.5　　　　2016 年 10 月第 1 版
字数：144 千字　　2020 年 5 月河北第 9 次印刷

定价：49.00 元

读者服务热线：(010)81055488　印装质量热线：(010)81055316
反盗版热线：(010)81055315
广告经营许可证：京东工商广登字 20170147 号

胸怀天下男人出的第一本书

我生命中的好伙伴、贵人，圣商大家族联合创始人新颖即将出版第一本书，邀请我写序，脑海里忍不住浮现出第一次见到新颖的场景：那是在一个千人民营企业家同时学习的论坛上，新颖在舞台上分享自己的人生理想：自己的创业故事将被写进教科书，被人类历史正面记载3000年，帮助世界最贫穷的非洲国家过上北欧人的生活品质，让地球每一条河流都回归清澈，让人与自然和谐相处，为世界更美好而奋斗一生。旁边一位企业家评价：这个人是不是被培训疯了！我内心却小小激动了：遇见一个同自己一样胸怀天下，要为人类历史做点事情的"疯子"！通过私下同新颖的深入交流，发现他不仅胸怀天下，志存高远，而且难得灵魂干净，道德高尚！我们很快成为好友，并在事业上有一些合作，在长达2年的时间，我们经常一起学习，一起工作，经常彻夜畅谈人生理想、人生的意义、商业的意义。伟大的时代给了我们前所未有的历史性机遇。

在那 2 年中我们结下了深厚的友谊，成了人生的知己！

2013 年年底新三板向全国扩容，中国多层次资本市场的历史性机遇出现了（截至 2016 年 9 月 15 日，新三板挂牌公司突破 9000 家，市值累计 3.5 万亿元，即将超越 A 股市场，成为全世界第一大资本市场，新三板市场的发展成为国家重要战略），我和新颖的心开始觉知，做一番大事业的时机比较成熟了，开始架构共同创办体系的模型，这个体系将承载我们共同为世界更美好而奉献的梦，将承载为人类历史做出正面贡献的梦，到 2014 年 8 月架构已经比较完善，我们定下创始合伙人制度和约定，发出"一生只为成就一个伟大的事业"宏愿，总结出"圣商大家族"五个字，"圣商：圣贤心，商之行。用圣贤般道德标准来约束和要求自己的一群商人；以商业为修炼的舞台，内在向圣贤的方向前进。""大家族：一种互相关爱的商人社群文化，视家族成员为亲人！大家族也是目前商业世界顶级的财富创造模式：罗斯柴尔德家族，摩根家族，洛克菲勒家族，杜邦家族，很多犹太家族都是大家族模式的成功实践者。""圣商大家族"这个名字生来就不平凡，并把中华史上三大商圣"范蠡，白圭，胡雪岩"当作圣商人的精神导师，学习商圣"求利当求千年利，求名当求万年名"的境界。为顺应时代机遇，首创"上市流水线"产融模式，规模化，批量化，专业化服务打造新三板，A 股，全球资本市场挂牌上市公司，支持圣商会员共享史上最大财富盛宴。

2014 年 9 月 9 日，圣商公司正式成立 2 年以来，在圣商家人的共同努力拼搏下，在徐新颖总裁的领导下，圣商大家族取得了世人眼中不菲的成绩：企业家会员已达 1 万人以上，运营合伙人超过 1000 人，管理基金规模达 10 亿元，通过基金和母基金投资多个成功项目，如蚂蚁金服，万达影业，神州优车，分众传媒（海外回归），步长制药等，还成功投资了 31 家新三板公司，其中 27 家进入创新层，还布局了医疗产业，收购新三板公司一家，其中一家子公司估值 20 亿元成功 A 轮融资 7000 万元。

本书的核心主题是做"值钱"的公司，中国目前绝大部分企业主还是靠"赚钱"的思维做公司，一字之差，却差之千里！这几年最火的企业之一"滴滴出行"在 2015 年亏损 100 亿元，市值 4 年时间却超过 2000 亿元人民币，滴滴创始人程维成为 80 后创业楷模！传统的出租车公司一直很赚钱却没有滴滴公司值钱。京东商城 2015 年亏损 80 多亿元人民币，京东却在 2015 年进入世界 500 强，创始人刘强东个人身价超越苏宁创始人张近东。苏宁公司一直赚钱却没有京东值钱。除了互联网公司，智能手机品牌

小米科技 2014 年利润也才 1 亿元左右，估值却达到 450
亿元美金！这就是赚钱公司和值钱公司的不同，最理想的
公司又值钱又赚钱。如果只能二选一，那就选择做值钱的
公司。本书揭示了国家在资本大时代的战略，如何做值钱
的公司，读者如何把握时代的机遇，字里行间也透露出"圣
商大家族"的文化理念，圣商集团的产融模式对您的启发！
最重要让读者了解到作者的灵魂，品德，智慧，胸怀，人
生可以像作者一样幸福成功有使命！只要用心阅读，相信
您可以在物质与精神层面双丰收！

圣商（北京）控股集团董事长　袁柏贤
2016 年 9 月 15 日中秋节写于北京到广州的飞机上

自 序

　　千呼万唤的第一本书《做一家值钱的公司》即将问世，我热爱阅读，涉猎大量书籍，我喜欢学习并听过大量各类讲座，我曾经是比较优秀的职业经理人，2006年就月薪10万元，我个人曾经创办和投资过近20家公司，但都不是上市公司，后来结缘好朋友柏贤一起搭建圣商平台，先后投资了几十家上市和准上市公司，到我们自己收购的挂牌上市公司。我不是作家，我只是一个有丰富人生体验的企业家和专业投资人，当全体中国人都在崇拜和尊敬马云的时候，我在10年前就明白马云其实只是孙正义投资的一家企业而已。在这么多年的创业和投资中，我深深明白一个道理：99%以上的老板都只是在埋头苦干赚产品利润，不知道也不了解资本市场为何物，不清楚国家的政策方向和趋势，更不了解证券市场关于上市公司的林林总总，我曾经说过一句话：一位老板如果不懂资本，他将吃天底下最大的亏。本书结合我本人对资本市场的理解，对国家政策趋势的感知，列举了大量的经典案例，让你去感知，去做自己的基因改组，把你的"赚钱"公司改造为"值钱"公司，希望每一位读者都能够有所收获和成长。当然由于各种原因，每一位读者朋友的经历和理解不同，本书一定有很多瑕疵，甚至在部分顶级高手眼中还有一些致命的缺陷，希望大家理解一位企业家、一位专业投资人在百忙之中写出的一点点浅见，谢谢大家。

徐新颖

2016 年 9 月 15 日中秋夜于甘肃兰州

"好命"不是成功进化的基因，
企业理应更有价值地活着

在经济学领域，有这样一条公认的企业运行规律：

一年企业靠运气，五年企业靠管理，十年企业靠经营，百年企业靠文化。

企业家追求财富的思维，大致可以分成四种：

第一种是雇员思维，主要依靠老板赚钱；

第二种是小商人思维，主要依靠产品赚钱；

第三种是企业家思维，主要依靠复制赚钱；

第四种是投资人思维，主要依靠价值赚钱。

关于财富，企业家最大的误区如图 I 所示。

当然，成功的企业家们往往都有一套自己的运营逻辑，不乏一些人谦虚地将成功归结为运气好。成功是否有运气的成分？多多少少是有的。但商场向来波云诡谲，如果一定要说某家企业"天生好命"，那只能说，该企业的掌门人天赋异禀，有超强的把握运气的能力！近年来随着竞争的加剧，靠运气难以做出好企业。

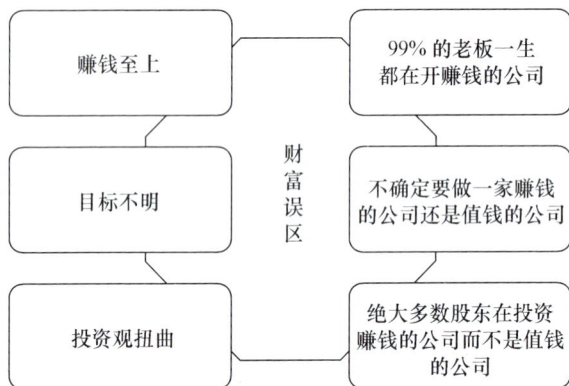

图 I 企业家最大的财富误区

俞敏洪[1]在第十四届成长中国高峰年会[2]上说道："做企业实际上是把自己做得越来越值钱的过程，如果你的企业做了半天还是不值钱或者是价值越来越下降，这个企业做起来就没什么劲。当然并不是说投资者或者股市不评价你，你就没有价值了，因为企业真正的长远价值还依赖于、依托于你在市场上能够生存的前提之下，能否把你的企业带到一个非常长远的未来。投资者对价值评估是短期，你自己对价值评估是长短结合，你要兼顾短期时候的生存，

---

[1] 俞敏洪：新东方科技教育集团董事长。

[2] 第十四届成长中国高峰年会：由《新领军》杂志社、新领军者俱乐部共同主办，于 2011 年 12 月 11 日在北京富力万丽酒店举行。

也要兼顾长期发展的问题……企业本身值钱不值钱，表面是两套系统，长远来说是一套系统……做企业的记住了，要把自己弄正了，让自己值钱。我们搞投资不看这个企业的数据报告，看这个人本身是不是值钱。"

很多人不解：值钱与赚钱的差距在哪里？

举个简单的例子，A 企业年利润 5000 万元，B 企业年利润 0 元。

问题 1. 哪家企业更赚钱？

毫无疑问，当然是 A 企业。

问题 2. 哪家企业更值钱？

答案就不一定了。

再比如，某经营钢铁的企业，年销售额几十亿元，2008 年前后，企业年利润均超数亿元，按理说是一家很赚钱的企业。直到 2011 ～ 2015 年，受全球经济和我国宏观经济的影响，企业年利润一度低迷不堪，基本无利可图，企业未来经营岌岌可危——这就是曾经赚钱但现在却不值钱的企业。靠运气、靠关系、靠捷径……大多数这样发展起来的企业，未来都步履维艰。

众所周知，当当网于 1999 年成立，是一家电商企业。十年过去，2009 年，其账面利润依然是 0 元——在旁人眼中"不赚钱不就是在亏钱嘛"，但 2010 年 12 月 8 日（美国东部时间），当当网在美国纽约证券交易所正式挂牌上市后，却从资本市场带回几十亿元的金融资本，这说明十年间当当网虽然没有赚钱，却经营出了一家值钱的企业。

利润不是衡量企业核心竞争力的唯一标准，企业背后的价值系统更能反映其运行状况。经营企业不是一场赌注，不能只靠运气，而是要让自己变得值钱。

回到本文的开头，正因为企业家思维选择的不同，最终收获的结果就不同。雇员依靠老板赚钱，播下了一颗未必会发芽的种子（因为他将希望完全寄托在别人身上）；小商人依靠产品赚钱，播下了小草的种子（能不能生根发芽就看产品好坏了）；投资家依靠价值复制赚钱，播下了摇钱树的种子（但现实中没有几人能顺利成为资本家）——当这些人站在同一起跑线上时，看起来或许并无差别，但多年以后就会有天壤之别，最初的小草也许有着顽强的生命力，却难以摆脱被人踩踏的命运，终究被人遗忘，时间的河流会以我们看不见的速度淘汰落后的、对社会无用之人。

所以，当你立志经营一家企业的时候，就要建立强大的价值系统，让企业具备可持续发展的能力，让自己成为一个对社会有价值和贡献的企业家。

如果说利润是企业的肌肉，那么价值就是骨架，唯有强根固本，企业才能野蛮生长，生生不息。此外，在市场经济中，价值也是一个重要的度量工具。从资本的角度而言，资本家在投资时为了规避投资带来的风险以及资金的时间价值，都期望投资具有长期价值的企业。对于大部分类型的投资，这一点都是成立的。

我们不能否认，中国许多赚钱的企业一开始生长得很野蛮。在一切百废待兴、尚无严格标准的时间点，只要敢于率先打破常规，胆子够大，没准就能把一粒利润的种子培养成参天大树，而这种博弈或许就是企业发展、不断追求利润的动力。

我们也不能否定，这种经营模式就是错误的。从某种程度而言，这是一种最快捷也最安全的生存方式，然而，这不是最好的生存方式——当野蛮遇上危机，野蛮就可能会被更加强大的力量瞬间瓦解，变得不堪一击。回过头看，那些曾经看似最容易走的路，也只不过是巨大财富金字塔中的冰山一角。

中国企业俯拾即是，其中优秀的中小企业也不胜枚举，但真正成长为一家卓越大企业的却凤毛麟角。凭时运、靠"好命"赚钱的时代已经一去不复返，以低价洗劫市场的好日子也越来越模糊。

"后来居上的工业化国家，不论是 19 世纪的美国还是 20 世纪后期的韩国，每个国家都产生了一批具有全球竞争力的企业，中国是唯一一个没有产生这样企业的后来居上者。"——英国剑桥大学教授、发展研究中心主任彼得·诺兰的这句感慨令中国企业家在世人面前感到尴尬。

生来，好命。有钱，任性。

但企业不能因为自己"好命"就不作为。

2016 年 6 月 26 日，主题为"第四次工业革命——转型的力量"的夏季达沃斯论坛在天津举行。李克强总理在开幕式中发表讲话称："中国经济下行压力仍然较大，民间投资和制造业乏力，经济困难不能低估。经济稳定运行基础并不牢固，金融等领域存在风险隐患。"加上自 2015 年 11 月 10 日以来，习近平总书记提出落实供给侧结构性改革，我国的经济结构正面临着一场变革，如此一来，我国企业的境遇和未来，亦到了转变的时刻——由"赚钱型"企业转变为"值钱型"企业。

旧时代渐行渐远，我们正面临着一个更加难以预测的未来新经济版图。中国企业不要再对"命运"抱有幻想。

当你练好了内功，习惯了让自己更有价值地活着，狂风骤雨来临时，至少能从容应对，因为那时，命运已经掌握在你自己手中了！

自我诊断：你是"值钱型"企业吗？

一些企业看似没有什么与众不同之处，但动辄融资上亿美元，似乎"圈钱"没有想象中难。殊不知，资本的钱不会那么好"骗"。

何况，问题是：

- 你有独一无二的产品 / 技术吗？
- 你有广阔的市场发展空间吗？
- 你有打动资本的商业计划吗？
- 你有安全稳健的财务信息吗？
- 你有铁打一般坚固的团队吗？
- 你有凝聚人心的企业文化吗？
- 你有未来的长期发展规划吗？
- 你能给出风投百倍的回报吗？

......

换言之，你的企业值钱吗？

企业经营一败涂地，吸引不了资本的注意，造成这种痛苦的根源在于你离"价值型企业"还有很长一段距离。

在阅读本书之前，请自我诊断，你与"价值型企业"的共性是什么？

以下是判断的依据，如图Ⅱ所示。

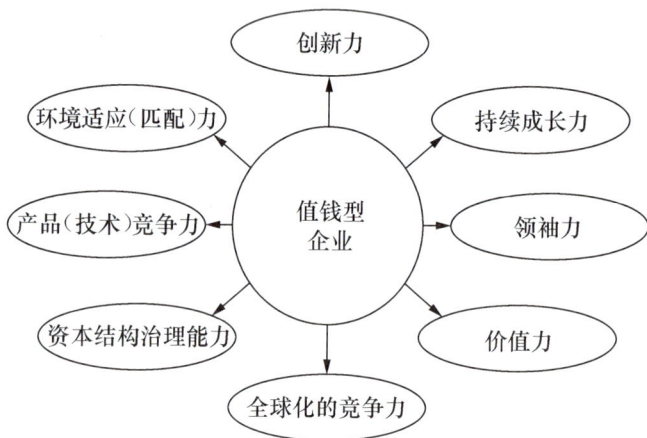

图Ⅱ 值钱型企业的共性（主要判断依据）

共性1：创新力

在《创新与企业家精神》一书里，彼得·德鲁克[1]

---

[1] 彼得·德鲁克：(Peter F. Drucker，1909.11.19-2005.11.11)，现代管理学之父，其著作影响了数代追求创新以及最佳管理实践的学者和企业家，各类商业管理课程也都深受彼得·德鲁克思想的影响。

用了整整一章的篇幅来这样定义企业家和企业家精神的含义。

- 大幅度提高资源产出；

- 创造出新颖而与众不同的东西，改变价值；

- 开创了新市场和新顾客群；

- 视变化为常态，他们总是寻找变化，对它做出反应，并将它视为机遇而加以利用。

在德鲁克看来，企业家的本质就是有目的、有组织地创新。而创新就是通过改变资源的产出、产品或服务，创造价值。

星巴克让咖啡瞬间成为可以享受的休闲时尚，苹果引领我们走向新的触屏时代，沃尔玛让低价零售成为可能，阿里巴巴"让天下没有难做的生意"……

正如约瑟夫·熊彼特[1]所言："创新是判断企业家的唯一标准。"而这些成功的企业无不在新领域创造了价值。

共性2：环境适应（匹配）力

适者生存。企业与环境互为主体。

---

[1] 约瑟夫·熊彼特：1901—1906年在维也纳大学攻读法学和社会学，1906年获法学博士学位，是一位有深远影响的美籍奥地利政治经济学家。

如果企业在发展过程中，不能够顺应环境的变化，与之形成互动，就很难具有适应力。

例如，近几年中国企业频繁遭遇海外市场的抵制，究其根本，可以理解为我国企业在拓展海外市场时与国际环境不匹配，而这种适应力的不匹配，以至于无论是环保问题还是社会责任问题、食品安全问题，最终受伤的还是自己。

共性 3：持续成长力

保持企业成长的条件之一是价值成长。价值型企业会以价值为导向，将发展战略立足于长期。对于这样的企业而言，除了专业化、多元化等要素，更多的是对价值取向的判断，微软之所以是一家价值型企业，在于它给了世人一个"看世界的窗口"，让世人享受到"科技造福人类"的价值所在。

共性 4：产品（技术）竞争力

企业进入市场、存活于市场的前提条件便是产品（技术）。否则，企业就没有了在市场中存在的价值。因此，专注于产品（技术）生命力，也是价值型企业的一个共性。

共性 5：领袖力

诺埃尔·蒂奇[1]在其《领导力引擎》一书中指出："成功企业之所以成功，是因为它们拥有优秀的领导者，这些领导者指导组织中所有层次其他领导者的成长。"

对于一家能够持续成长的"价值型企业"而言，领导者的领袖力是至关重要的因素。真正的领袖更注重对企业、人才的理解和尊重，通过持续改进提升组织力。

共性 6：资本结构治理能力

在现实中，很多企业做出的决策，其实是在打着"创造价值"的旗号损害价值。如今，许多企业的资本结构重新被一些有实力的资本集团控制，给企业的资本结构吹进了一股新风。但凡那些成功的价值型企业，其董事会构成都处于健康合理的状态，正是这样的结构，确保了企业决策的正确性。

共性 7：价值力

我必须在竞争中取胜！

---

[1] 诺埃尔·蒂奇（Noel M. Tichy）领导力大师，对领导力变革有独到的见解，提出"企业 DNA"等创新观念。

我必须追求更远大的目标市场！

我必须干掉我的竞争对手！

这些看似再正确不过的观点实则掩盖着不易察觉的错误，反映在市场上就是我们很难看见能够持续存活的企业，更加看不到企业的核心竞争力。

许多企业成就和地位的取得，关键原因是"命"好，而不是企业自身有能力，当然，这也是因为过去的市场太大、太宽容，近几年，价值型企业越来越多地被人们关注。

2016 年，美国《财富》杂志发布了 2016 年世界 500 强企业名单，沃尔玛高居榜首（要知道，在最近几年里，沃尔玛一直是世界 500 强的首位），相对于这个耀眼的光环而言，沃尔玛真正让业界惊叹不已的是这样一组数据：

超过 10% 的可口可乐、宝洁等企业的产品，都是通过沃尔玛销售出去的，30% 全美国儿童的圣诞节玩具都是从沃尔玛购买的——这反映出了消费者和供应商对沃尔玛的依赖，这就是作为一家顶尖企业的成功关键和价值所在。

共性 8：全球化的竞争力

达尔文在《物种起源》一书中说过："不是那些最庞

大的物种能存活，也不是最聪明的，而是那些最能适应变化的。"适应竞争全球化的能力也是企业适应环境变化的体现。

如今，中国的市场早已不再专属于中国本土企业，许多西方大国企业将中国市场视为最大的机遇。为此，"价值型企业"理应用全球化的战略眼光来判断企业的问题，增加对价值的深刻理解。

目　录

PART 1

"值钱"是企业的核心——这是真正的资本之谜

资本之谜：
赚钱的企业未必值钱，值钱的企业终将赚钱

● ● ● ● ●
资本物语

商业的本质决定了所有企业都应以赚钱为目的，哪怕是一家很有钱的企业。

一个残酷的现实是，有些公司资源丰富，技术过硬，看似赚钱，却得不到资本青睐；有些公司收入可怜，始终亏损，看似烧钱，最终却卖了个金鸡般的好价钱。

究其根本，赚钱的企业未必值钱，但值钱的企业终将赚钱。

资本眼中，公司分两种——**赚钱的企业**和**值钱的企业**，二

者背后蕴藏的是鲜为人知的烧钱真相、投资逻辑以及资本思维。

"我们企业的项目比市场上的专利还厉害，两年内肯定能上市！"

"我们企业绝对不烧钱，很快就能盈利，帮您赚大把的钱！"

"我们的目标是在一年内营业额突破 5000 万元！"

……

如果你这样兜售自己的思维和企业，恐怕再有实力和眼光的资本大佬也会被吓跑——因为这些在他们眼中都是可以忽略不计的废话，这样的企业甚至可以直接被毙掉！

然而，目前来看，中国的绝大多数企业都试图做一家赚钱的企业。其特点：

- 现金流充足；
- 利润率高；
- 业务范围有限；
- 客户区域有限；
- 技术开发有限；
- 企业愿景不明……

这类企业大多是从最熟悉的行业做起，从有关系有资源的地方做起，通过一点一点的积累做大；最常用的业务模式是抱大客户大腿，一张大单吃几年，这种业务模式风险高、投入多、效率低。

而值钱的企业则是完全不同的思维。

赚钱企业与值钱企业的样本

出租车企业与滴滴出行[1]，二者的业务一样，面对的客户群一样，却是完全不同次元的企业，也是最典型的赚钱企业与值钱企业的样本。

企业样本 1　**出租车 VS 滴滴出行**

几十年来，出租车企业一直在赚钱，现在却发现钱越来越难赚——因为滴滴出行开始疯狂抢占市场份额，并在非常短的时间里赢得了用户的心。

2015 年，滴滴打车上线三周年，"滴滴打车"正式更名为"滴滴出行"，并启用全新品牌标志。

2015 年 9 月 9 日，与宇通合作，打造互联网巴士生态。

2016 年 1 月 26 日，招商银行、滴滴出行联合宣布双方达成战略合作。

2016 年 6 月 13 日，滴滴获中国人寿 6 亿美元投资，

---

[1] 滴滴出行：中国的一款打车平台，被称为手机"打车神器"，是受用户喜爱的打车应用。目前，滴滴已从出租车打车软件，成长为涵盖出租车、专车、快车、顺风车、代驾及大巴等多项业务在内的一站式出行平台。

将在"互联网＋金融"展开合作。

在传统企业的赚钱思维中，亏本做生意，简直不可理喻。然而，就是这些亏掉的钱，让滴滴出行变成大体量的行业模范，成功上市，估值远远超过出租车企业。

在多数资本的值钱思维中，烧钱不是问题，而是竞争的必要手段，是拉拢客户的最直接有效的手段。当一家企业成为行业第一，拥有最多话语权的时候，经过重新洗牌的上下游企业，那些原来颐指气使的大客户，不需要像以前那么费尽心力去讨好维护了。使用打车软件的用户最为敏感的要素是价格，如果滴滴前期不通过烧钱来抢占市场，很快就会死掉。因此，在资本眼中，尽管滴滴一直在亏损，但它抢占的市场足够大，迟早有一天能赚回来。

企业样本 2 **三大运营商 VS 微信**

这是一个跨界打劫的时代，微信刚面市的时候，三大运营商（移动、联通、电信）正激烈地斗来斗去，他们可曾想到微信会出来收割市场？

包括阿里巴巴在内，似乎也没有把微信这个对手放在眼里。在移动社交平台领域，微信维持"一家独大"的局面已久。

资本眼里值钱的企业，一定是跟着用户走的。短短几年内，微信改变了电商、支付、通信、营销几个领域，利用强大的用户黏性，成为大赢家。

📂 做值钱的企业，未来无限可能

赚钱的企业与值钱的企业的最大不同在于，前者的衡量标准往往是现金流，后者则是"未来"的无限可能性。

判定一家企业是不是有价值的企业，视角不同，标准就不同。资本视角里真正有价值的企业，现在不一定赚钱；而现在赚钱的企业，却很可能是迟早要被淘汰的企业。

对投资人来说，投资赚钱的企业，有去无回；投资值钱的企业，等于购买未来。

也许你会问：一直亏钱的企业凭什么值钱？

企业样本 3 **京东**[1]

2004 年，京东（当时名为京东商城）正式成立。

2007 年 3 月以来共计进行了 9 次私募融资，先后引进了今日资本、美国老虎基金、DST 全球基金、红杉资本、沙特王国投资公司等 PE 投资机构，融资高达近 19 亿美元。

......

2014 年 4 月 2 日，京东集团正式进行分拆，其中包括两个

---

[1] 京东：中国最大的自营式电商企业，2015 年第一季度在中国自营式 B2C 电商市场的占有率为 56.3%。

子集团、一个子公司和一个事业部，涉及金融、拍拍及海外业务。

2014年5月22日，京东集团在美国纳斯达克挂牌上市（股票代码：JD）。

2015年1月9日，京东和腾讯以现金和独家资源的形式对易车网投资约13亿美元。

2016年6月8日，京东首次进入《2016年BrandZ全球最具价值品牌百强榜》，品牌价值同比增长37%至105亿美元，排名第99位。

2016年7月20日晚，财富中文网发布了最新的《财富》世界500强排行榜，如图1-1所示，其中，之前被媒体广泛报道的"2015年京东亏损93.7亿元成为亏损王"，转而却成了中国企业入选《财富》世界500强的唯一一家互联网公司，排名第366位，如图1-2所示。

图1-1　2015—2016年度《财富》世界500强排行榜官方宣传示意图

每页显示 50 ▼ 条记录			输入关键字检索：京东		
排名 ▲ 上年 排名	公司名称 (中英文)		营业收入 (百万美元) ⇕	利润 (百万美元) ⇕	国家 ⇕
366	--	京东（JD.com）🔲	28,847.1	-1,492.3	中国

从 1 到 1 共 1 条（从 500 条记录中过滤）　　　　首页 上页 1 下页 末页

图 1-2　2015—2016 年度《财富》世界 500 强排行榜之京东

要知道，2014 年至 2016 年这些事件发生的前提是，京东（2013 年）账面亏损 800 万美金。

很多人不解，这一系列不可思议的事情是如何发生的呢？

为什么投资大佬偏爱刘强东？为什么连百度、腾讯、阿里这样的巨头都未入选，而亏损超过 90 亿元的京东却能入选？

更有人质疑京东给了《财富》杂志好处费，关于这点，京东其实是清白的。

从排行榜图片来看，《财富》杂志是以营业收入作为衡量标准，根据这个指标，京东上榜名副其实。

据公开数据显示：2015 年全年，京东的营业收入是 1813 亿元，百度的营收为 663.8 亿元，腾讯的营收为 1028.6 亿元。阿里巴巴 2016 财年指的是 2015 年 4 月 1

日到 2016 年 3 月 31 日，营收额为 1011 亿元。

值得一提的是，阿里巴巴 2016 财年的交易额高达 3.092 万亿元，但交易额不等于营收，只有佣金、入驻费、广告费等计入营收。

实际上，在《财富》2016 年世界 500 强企业里面，亏损的企业不占少数，多达 65 家，按照亏损额算，在 500 强企业里面京东亏损超 90 亿元的额度排名第 27 位。

综合来看，入选世界 500 强的京东，似乎并不比那些巨头们更优秀，但它却更值钱。

简单来说，京东在成长的过程中，看清了未来时空里清晰的产业模式，创造了一个巨大的商业结构——以京东物流体系为首的整个京东企业的运营系统——在资本眼中，京东最值钱的，正是这个结构。

京东的确一直处于亏钱状态，但不可否认，它的结构始终在扩张，不断覆盖更大的市场空间，并且它打造的系统所凸显的效率，一直未被其他电商超越——这就是一家不赚钱的公司的值钱之处，也是传统企业在成长过程中应该尽早破解的资本之谜！

资本真相：
"赚钱企业"与"值钱企业"有着本质区别

● ● ● ● ●
资本物语

　　资本是一把双刃剑，想要成为一只雄鹰，翱翔于蓝天，就要了解游戏规则的本质，看清"赚钱企业"与"值钱企业"的真相，从而进入资本赛道。

　　一只黄鼠狼在养鸡场的悬崖边立了块石碑，上面写着："抛弃传统的禁锢，你若不敢跳下去，怎么知道自己不是一只翱翔于天空的雄鹰？"

　　从此以后，几乎每天都有鸡跳下去，结果摔死了。而黄鼠狼每天都有鸡吃——这个故事反映的其实就是资本的真相——资本从来就不是美丽温柔的"天使"，它只是一门生意，需要靠一定的眼光挖掘被低估了的企业价值，再通过资本放大这种价值，谁更值钱，就更有可能获得资本的青睐。

　　何为"赚钱企业"与"值钱企业"，二者有着怎样的区别？

📂 "赚钱企业" VS "值钱企业"

在资本眼中，所谓"赚钱"往往是"缺乏想象力"，而非"现金流充足"。这也是为什么尽管任何一家企业都需要赚钱，但在资本眼中，一家正在赚钱的企业往往不值钱。

而"值钱"通常代表"企业有价值"，衡量的标准不是现金流，而是各种数据所显示出的对未来的无限想象力。在资本眼中，一家值钱的企业未必现在正在赚钱，如图 1-3 所示。

图 1-3　值钱企业的价值与不值钱企业的危机

以下是"赚钱企业"VS"值钱企业"的典型特征对比，

如表 1-1 所示。

表 1-1　"赚钱企业" VS "值钱企业" 特征对比

企业类型	特　征
"赚钱企业"	"赚钱企业"最普遍的特征之一是经营范围呈现区域化。例如，××市第一，或者主打某一地区的市场，这种企业从发展之初就被束缚到一小块区域内，放眼中国，一个市的市场能有多大？交易额才有多大？
	"赚钱企业"的第二个特征是单一单销售，消费频次极低——目前我国 80% 的企业都是这种模式。许多传统企业认为大客户的利润更高，于是纷纷死磕大客户，结果耗费了有限的精力和竞争时间。资本时代，资本对于企业的作用不言而喻
	"赚钱企业"的第三个特征是有利润、没前景、难以形成闭环。在从用户导入到用户流出的整个过程中，可能只有一单买卖，且用户流失率高，但对"赚钱企业"而言，设置商业闭环，终身锁定用户生意事小，赚到钱就万事大吉了
"值钱企业"	"值钱企业"的最大特征是有格局，不看重眼前的蝇头小利，一开始就紧盯行业份额，而不是抢占现金流，因此它们往往处于行业第一的位置。对于资本来讲，现金流并不那么重要，抢占了市场份额之后，现金流的回归只是时间问题
	"值钱企业"的第二个特征是在最初选择路径的时候，通常会选择"有钱的市场"和"有钱的用户"。先找到合适的市场，再用简单低价的方式去获取用户，基于市场份额的想象力，放大企业被低估的价值

（续表）

企业类型	特　征
"值钱企业"	"值钱企业"的第三个特征是产品的差异化和替代性。当然，这种差异化和替代性的创新实现起来很难。在竞争激烈的时代，但凡企业做出一点点改变与创新，往往就被能力更强、实力更雄厚的企业取代，也正因如此，资本更看重这类企业在未来重塑行业格局、和巨头一较高下时所获得的更多机会

通过上述对比可见，"赚钱"与"值钱"往往是两件不同的事。

仔细分析，其本质区别在于如图 1-4 所示。

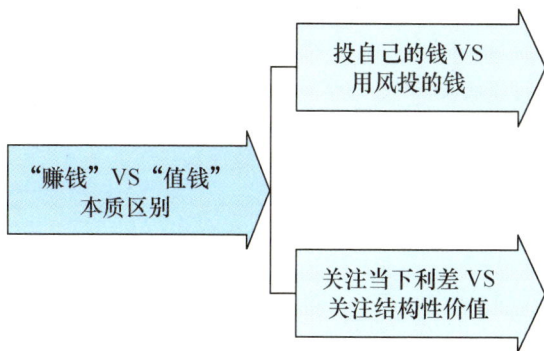

图 1-4　"赚钱"与"值钱"的本质区别

区别 1. 投自己的钱 VS 用风投的钱

赚钱的公司"有钱任性"自不必多言，投资款大多是自己的钱（也包括股东的钱、银行的钱），而值钱的公司往往是用风投的钱。

风投当然不会傻乎乎地撒钱给你玩，但你若能让自己变成值钱的企业，例如，拥有最大份额的市场占有率、良好的品牌口碑、顶尖的行业人才、完美的社会形象，获得资金就并非难事。

区别 2. 关注当下利差 VS 关注结构性价值

赚钱的企业更关注现金流——当下的利差，追求以最小的成本获得最大的收益。为此，企业家殚精竭虑，开发新产品，提升服务，优化管理，压缩成本，拓展业务，现金现货，小心翼翼地扩展事业。许多企业一心寻找赚钱的项目，结果忽略了建构具有核心竞争力的品牌优势，东一榔头西一棒子，跑马圈地。

值钱的企业更关注结构性的价值，有远见、有格局，站在行业的风口，努力将自己的企业打造为值钱的企业，即使眼下账面亏损，但依然做着赔本赚吆喝的买卖。因为有雄厚的资本支持，这些新兴的企业可以投入更多钱进行科研，为自己的产品打广告，甚至赔本贴钱给消费者，以此最大限度地占有市场，品牌影响力越来越多，企业知名度越来越高，在资本市场上的估值水涨船高，此类企业就是值钱的企业，在资本的帮助下更易迅速起飞，快速成长，并成功上市。

📁 你在做"赚钱的企业"还是"值钱的企业"——值钱企业的内在基因

做赚钱的企业，难在收盘。就像股票要抛出，才能论输赢。

而做值钱的企业，难在看清未来的产业结构，并全力以赴，用最快的速度搭建一个适合它的价值系统。

当然，值钱的企业不仅仅靠资本驱动，关键还要靠企业家的价值观、创新驱动、模式创新以及企业与时俱进的能力——这也是成为值钱企业的内在基因，如图1-5所示。

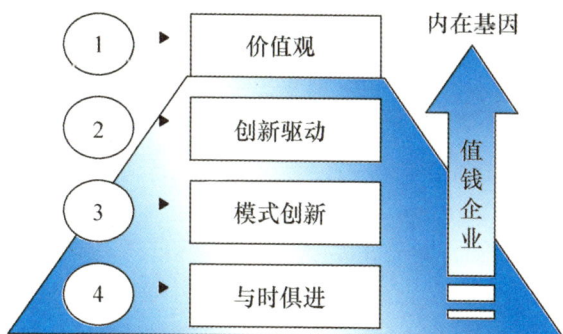

图 1-5 值钱的企业的内在基因

基因 1. 价值观

随着财富的不断积累，企业家的社会地位获得提升，影响力不断增强。若想做值钱的企业，企业家应该重视品质与人性的回归，重建价值的尺度，获得社会各界更多人士的信任与支持。因为值钱，就更不能沉醉在过去的成功里不能自拔，让人觉得高人一等，而遗忘了初心以及这个美丽世界给自己的恩赐。

基因 2. 创新驱动

不管是优化产业结构、为国家经济增长做贡献，还是适应新常态、引领新常态，实施创新驱动都在这个特殊的时代显得比以往更加紧迫。以创新驱动企业"裂变式"成长，增强发展的内生动力，企业才能在"双创"时代，打破传统，重塑价值，更好地发挥企业各方面的优势。

基因 3. 模式创新

众所周知，国美、苏宁是两家成功的家电企业，有人将他们的成功归功于"低价"。问题是，为什么其他企业不能像它们一样低价？换言之，当价格低到无利可图时，国美、苏宁这样的企业仍然能够继续经营，而其他企业却悄然退出了市场。

以国美为例，其实它并不靠售卖家电盈利，而是用卖家电赚的钱投资房地产，再拿投资房地产赚的钱投资家电——说到底，类似国美等企业靠的不只是盈利模式，而是商业模式的创新，前者是短期的市场行为，后者则是长期的经营行为。

基因 4. 与时俱进

李克强总理在政府工作报告中多次提到推动互联网产业发展、支持移动互联网等新兴产业发展等内容——这预示着新经济革命的到来，企业在积极接受新事物时，以政策为风向标，拥抱时代趋势，与互联网深度融合，才能在新经济常态下，确保企业朝着正确的、更值钱的方向持续健康发展。

道理并不难懂。然而，在利润当前时，谁又能眼睁睁地放弃赚钱的机会，在用钱荒、生存难的严冬，依然不改初心？

创业维艰，经营企业更是如此。

2016 年 1 月 1 日，由追光动画制作的合家欢动画电影《小门神》似乎就没赚到钱，一时间江湖议论之声甚嚣尘上，对追光动画与执行导演、编剧王微嘘声四起。

你没有看错，这个时代，没赚到钱的企业，难免要遭此类白眼。许多人没有看到的是，王微和他的追光团队在几年间，运用国际一流技术，为打造中国动画标杆做了一个什么样的系统——而这个系统本身的积淀，在很久之后依然值钱。就像一个水管第一次放出的水也许不能饮用，但管子自身体现的价值，依然存在。

所以，在为做一家值钱的企业而努力奔跑的人们，现在还不是放弃的时刻！

未借助资本力量却很会赚钱的企业永远值得尊重

●●●●●
资本物语

任何事物都有两面性。从某种意义而言，做"赚钱的企业"与"值钱的企业"并不适合直接比较，二者并非对立、非黑即白的定论。

资本对于企业的确重要，有了钱好做事的道理人人都懂。但在肯定值钱的企业更有未来的同时，也不可否认会赚钱的企业同样值得尊重。只不过，值钱的企业，其未来或许更加明朗！

走资本之路，选择上市，将企业暴露在众目睽睽之下需要眼光与勇气。

无论国内还是国外，都有一些知名的企业坚决不上市，拒绝走资本之路。如塞仕（SAS，软件公司）、直销巨头安利公司、顶尖奢侈家电品牌美诺公司、大型家具家居零售商宜家等。

在国内，同样有一群坚持自我的民族企业，如华为、娃哈哈、老干妈、方太等。这些企业与进入资本市场的上市企业不同，其股份只掌握在一小部分人手里。

出于以下常见的种种原因，这些企业一般考虑选择不上市：

● 上市需要一笔不小的花费；

● 上市的披露制度会暴露公司机密；

● 有可能被恶意控股；

● 股权被稀释，减少了控股权；

● 在上市的时候，如果股份的价格过低，对公司就是一种损失。

📁 这些企业未借助资本力量依然很会赚钱

尽管有些企业拒绝资本力量的介入与扶持，但不可否认，它们依然经营得很好，它们所彰显出的"与众不同"在未来同样有增值的可能性，因此这类企业同样值得尊重。

企业样本1 华为、娃哈哈未上市原因分析：股权问题

华为虽然不是上市公司，却已经是一家公认的顶尖技术公司。

2006年，华为全年销售收入为656亿元人民币。

2015年，华为销售收入3950亿元人民币，净利润369亿元人民币，其销售收入比10年前翻了6番。

华为的当家人任正非认为华为的核心竞争力是科研能力。华为的海外研究所"2012实验室"有上千名科学家，大多是外国人，所长是中国人，而所长的职能是为这些科学家提供支持与服务。

华为极为重视管理效率，任正非聘用丰田前董事及其团队、德国的工程研究院团队，这些世界一流团队为华为打下坚实的基础。高效的管理体系是华为的软实力。

然而，华为的股权设计问题让华为很难上市。

目前华为实行的是全员持有私有内部股的制度，不符合上市规章制度，上市公司IPO之前的股东数目不得超过200个，如果华为要上市，必须先重构内部制度，即公司收购员工所持股份，这需要几百亿元的现金，操作难度极大。

更为核心的原因是，华为现在现金流充裕，对贷款负债发展需求不如想象中那么强，这有辐射照应，所以可以采取低价竞争，不用考虑向市场投资人力量妥协，市场策略可以灵活多变。

众所周知，华为是目前中国最成功的高科技企业之一，与其他企业不同的是，华为因很早就设计了员工持股的股权模式，要上市就得重新整理公司股权，工程浩大，很可能因上市而让公司元气大伤，得不偿失。

另一方面，华为每年利润都实现了高增长，华为员工的收入丝毫不逊色于一些顶尖的互联网企业。

娃哈哈的情况与华为类似，因员工持股，股东超过15000人，为了上市将运行良好、现金流充裕的企业从里到外折腾一遍，绝非上策。

尽管没有上市，扩张资本，但华为、娃哈哈依然是地地道道的赚钱的企业，同时也是值钱的企业。

其一，华为、娃哈哈本身就是公众企业（上市公司也是公众企业），只不过它们是非上市公众企业，且完成了全员持股，其股民只买不卖，这比很多上市企业更牛！

因为买上市企业股票的股民并不忠诚，而华为和娃哈哈的股民都是员工和企业重要的合作伙伴——基于对企业的信心，对于股票这些股民通常都只买不卖，而所有纳税活动也全部按照公众公司的标准执行。包括华为在研发领域的投入，主动缴纳专利费等行为都是只有公众企业才做的事情。

可见，但凡值钱的企业无一例外都是找到自己资本通路的公众企业，都是按照公众企业标准纳税的企业。

企业样本 2　老干妈未上市原因分析："害怕"上市的特例

老干妈创始人陶华碧选择不上市，是一个特例。

20 世纪 90 年代末期老干妈创立，从手工作坊做到现在年营收几十亿元，成为辣椒酱行业的第一。

8 块钱一瓶的老干妈辣酱，一天卖出 130 万瓶，2014 年其年销售额突破 40 亿元。海外，老干妈受到海外华人的追捧。

老干妈酱是单一产品，靠的是专、精，而陶华碧的经营哲学是有多大本事就做多大的事，踏踏实实做，不欠别人一分钱，她没有跟国家贷过款，贴息贷款都不要。不但不欠政府一分钱，也不欠员工一分钱，和代理商、供货商之间也互不欠账，我不欠你的，你也别欠我的。

老干妈没有库存，没有应收账款和应付账款，只有趴在账上的十几亿元现金！

老干妈不上市和陶华碧有直接关系：

其一，陶华碧只会写"陶华碧"三个字，完全不懂资本运作；

其二，陶华碧担心陷入股市圈钱麻烦，担心上市后不仅不能做大做强反而有事业失败的风险。

老干妈剑走偏锋，然而大部分创业企业恐怕没有这样的底气和运气。

现金流充裕的时候不跟金融机构打交道，当真的需要融资的时候，恐怕已经来不及了。毕竟，大部分银行都是"晴天送伞，雨天收走"的。

企业样本 3 **宜家未上市原因分析：担心丢掉企业绝对控制权**

海外一些老牌企业，对上市也采取谨慎的态度，如全球最知名的家具家居商宜家。

宜家的创办者坎普拉德是瑞典人，他为了避税，将宜家搬到丹麦。

20 世纪 70 年代初，根据瑞典的相关遗产法规定：遗产中只有 35% 可以归继承人所有，65% 都要交税。这意味着，在坎普拉德死后，宜家的大部分资产将归瑞典。

1973 年，坎普拉德带着妻子和 3 个孩子来到丹麦，坎普拉德与丹麦财政部达成协议：他申报个人收入，丹麦财政部门能分得宜家利润的一部分，但绝对不能触碰宜家的资产，这是他的底线！

瑞典、丹麦都是高税收、高福利国家，为了避税，20世纪70年代后期，坎普拉德在荷兰成立了基金会（StichtingIngkaFoundation）。

经过一系列运作后，宜家集团在荷兰注册的母公司 IngkaHolding 控制着近30个国家的338家门店。而 IngkaHolding 则完全属于 StichtingIngkaFoundation 基金会，该基金会是一家非营利性机构，享受免税待遇，包括坎普拉德在内的5名成员控制着该基金会。

坎普拉德的这些手段的目的是保证宜家不被遗产税拖垮，不被后代间的遗产争夺毁掉。对于拒绝上市，坎普拉德给出官方解释：上市将改变宜家的长远目标和运作方式。而且上市要花费一大笔钱，坎普拉德则将这部分钱作为储备金，保证宜家遇到危机时可以调用。

作为一家典型的家族企业，一切都由家长坎普拉德说了算，他从不希望自己的公司进入股市，不愿意接受股东们的控制。和避税手段一样，坎普拉德希望无论是家族成员、市场力量，还是国家政策，都无法危及或动摇这家企业。

📂 不上市、会赚钱的企业也很值钱

做一家有价值的企业固然值得鼓励与肯定，但也不可否认类似上述这些不上市，但却会赚钱的企业同样也很值钱，并值得我们尊重。这是因为以下两个原因。

原因 1. 衡量标准不一

人们在评价某家企业的时候，往往不是单纯地评价企业市值多少，而是评价企业有多少社会责任感、对社会做出多少贡献，等等。这些常人眼中的评估标准与上市时资本对企业的标准并不一致。有些企业虽未上市，但运行稳定、很会赚钱，同时为社会提供了大量的就业机会，那么这样的企业同样是有价值的。

原因 2. 创新驱动的结果

不上市、能赚钱的企业也很值钱，这就是上一节提到的创新驱动的结果。这些企业不借助资本的力量也很赚钱，说到底是因为能在自己的生态圈里达到一种动态平衡，否则也将难以持续经营！因此，如果借助资本的力量，在保持企业价值观和核心竞争力的前提下进一步扩大版图，创造更大、更多的社会价值，真正为社会服务，那么这类企业就是受人尊敬的企业！

只不过，不是所有的企业都有类似本节所列举企业的眼光与勇气。而成为更值钱的企业，未来或许会更加明朗！

"互联网＋"改变生活，也改变企业的价值导向

● ● ● ● ●
资本物语

对企业而言，"互联网＋"是一次机遇，价值在于让企业与互联网深度融合，运用互联网新技术的力量改造企业的各个环节，让企业变得更有价值；"互联网＋"也是一次挑战，"互联网＋"时代，信息大爆炸，需求不断变化，企业若不能及时改变价值导向、适应新变化，迟早会被淘汰。

在《穷爸爸富爸爸》[1]一书中有这样一个故事：

很久以前，某地的一个村子缺水严重，村长就委托两

---

[1] 《穷爸爸富爸爸》：2011 年由南海出版社翻译并出版的图书，该书原作者是［美］罗伯特·清崎、［美］莱希特。

个年轻人为这个村庄供水，条件是村民会向他们支付水费。

第一个年轻人立刻买了两只超大号的水桶，每天在10里开外的湖泊和村庄之间奔波——他立即就赚到了钱。

第二个年轻人自签订合同后就"消失"了。

半年后，第二个年轻人带着一笔投资和施工队回到了村庄。

原来，他用了半年时间到村子附近的镇上去考察，发现很多地方已经使用上了新的供水系统。

于是，他做了一份详细的商业计划书，找到了投资人，还注册了企业，并雇用了专业的施工人员、管理人员。

接着，这个年轻人又花了一年多的时间，修建了完整的从湖泊通往村庄的管道供水系统。

当源源不断的清水从水龙头涌出的一瞬间，第一个年轻人的生意就宣告终结了——算起来，他只赚了一年半的钱！

第一个年轻人的赚钱速度的确很快，他的方法并没有错。问题是，当时代变迁、技术发展，人们有更多的需求时，那些能跟随时代步伐，创造更多价值的人（如第二个年轻人），往往能在厚积薄发后的瞬间将你打败。

也许，在第一个年轻人眼中，赚钱是做事的重点，而赚钱的核心是当下的利益。他并未察觉，自己在赚钱的时候，别人正在设计一个更大、充满更多可能性的结构，准备悄悄将你覆盖。

当第二个年轻人的供水系统打通，第一个年轻人再怎么哭天抢地找村长哀求也没用。

一个时代终结了，就是终结了。

所谓"互联网＋"对传统企业、对生活、对用户需求的影响，大抵如此。

互联网 ＋ 带来的革命性变化

美国《财富》杂志[1]发布了"2016中国最值钱十大创业公司"排行榜，如图1-6所示。

上述10家企业，除了小米之外，其余9家都是"互联网＋"类型的企业，包括租车、互联网金融、互联网服务等各个领域。可见，"互联网＋"依然是资本热衷追逐的领域。

技术改变生活，也改变着商业模式。短短几年，与互联网相关的企业蓬勃发展。滴滴出行改变了人们的出行方

---

[1] 《财富》杂志（*Fortune Magazine*）：一本由美国人亨利·鲁斯创办于1930年，主要刊登经济问题研究文章的杂志。现隶属时代华纳集团旗下的时代公司。《财富》杂志自1954年推出全球500强排行榜，历来都成为经济界关注的焦点，影响巨大。

式，O2O改变了原有的购物模式。未来，"互联网+"各个行业，势必还将有更多结构性的调整与整合。产业模式日新月异，直到成为一个高效的稳定结构。

2016 中国最值钱十大创业公司《财富》杂志（单位：美元）				
排名	名称	创始人	成立时间	估值
1	小米	雷军	2010/4	460亿
2	滴滴出行	程维	2012/9	160亿
3	美团大众点评	王兴	2010/3	150亿
4	陆金所	计葵生	2011/9	100亿
5	大疆	汪滔	2006/4	80亿
6	众安保险	陈劲	2013/10	80亿
7	神州专车	陆正耀	2015/1	36亿
8	魅族	黄章	2003/3	33亿
9	饿了么	张旭豪	2008/9	30亿
10	搜狗	王小川	2004/8	30亿

图 1-6 "2016 中国最值钱十大创业公司"

毋庸置疑，"互联网+"为许多懂得借势而起的企业开辟了广阔的蓝海，成功激活了中国的资本投融资市场。新技术、新模式成为风头偏爱的领域。

中国的投资市场变幻莫测、沧海桑田，个中原因暂放一边。我们先将着眼点落在企业本身及其价值上。

从本质上而言，市场是链接资本与企业的纽带。唯有足够优秀的企业，才能真正吸引资本的注意——它们的目的是获得收益，什么样的企业具备这样的能力？它们又是如何对企业价值进行评估的？

基于"互联网 +"的时代背景，我们可以通过以下 3 个维度对企业进行梳理，如图 1-7 所示。

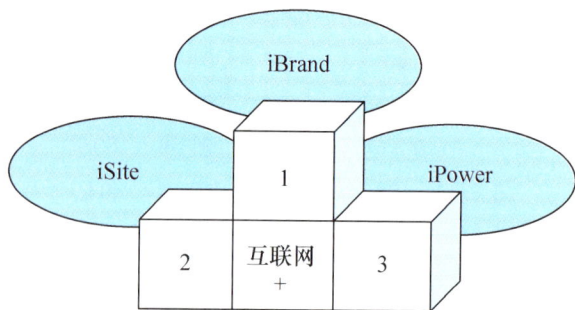

图 1-7　基于"互联网 +"时代背景价值型企业的 3 个维度分析

1. 思想的体现：iBrand——企业在互联网社会的影响力

"互联网 +"时代，考验的是企业人对互联世界与企业自身的认识。产品、模式不过是任何一家成功企业表现出的外在的结果。最核心的企业内在元素，是透过时代背景展示出的影响力，这往往也体现了企业家的思想——这种思想反映了企业能够驾驭时代的变化，把握需求的走向，实现企业更高层次的成长。

2. 能力的体现：iSite——企业自身的互联网建设能力

在"互联网+"时代，企业自身的互联网建设能力，或者说对时代背景的重视程度是搭建成功堡垒的前提。那些最具竞争力、价值的企业，无不是在别人沉睡之时创造时机，筑巢引凤——这不仅需要企业有价值，还需要对时代发展趋势的洞察能力、凝聚人心的能力、资源整合的能力等。

3. 实力的体现：iPower——企业传统江湖地位 / 行业地位

传统往往代表一成不变，但企业要确保原有的地位，就要试着与变化的时代相融合。

"互联网+"时代，企业竞争的一大特色是创新竞赛，而创新不仅体现在企业外部层面，其深层根植于内部价值——这是企业经营的智慧，更是一种努力后被社会认可的结果。

总之，整个时代正在发生巨变，此时若依然抱残守缺，用老经验、老故事自我催眠，拒绝新知，原本赚钱的企业，因为没有进行相应的结构性调整，未能转型为值钱的企业，或许就会像开篇提到的第一个年轻人那般，前景恐怕并不乐观！

从"赚钱思维"到"值钱思维"，资本运作助力企业登上财富巅峰

●●●●●
资本物语

当赚钱的行业里，一旦出现值钱的企业，这些曾经赚钱的公司就集体完蛋！而资本运作更大的意义是能够为企业带来增值的可能，助力企业登上财富的巅峰。

借助资本之力，不仅可以让企业更值钱，还可以助力企业叱咤商界风云，进一步登上财富巅峰。

2016 年 1 月 15 日，胡润[1] 全球富豪榜和中国富豪榜发布，其中，我国企业家王健林首次成为华人首富。纵观全球榜和中国榜上这些财经人物，都是资本市场翻云覆雨的大人物。如图 1-8 和图 1-9 所示。

---

[1] 胡润：Rupert Hoogewerf，1970 年出生于卢森堡大公国（也是现今欧洲大陆仅存的大公国），英国注册会计师，著名的《胡润百富》创刊人。

		2016 胡润全球富豪榜——全球十大富豪				
	姓名	财富（亿元）	财富变化	主要财富来源	居住地	年龄
1–	比尔·盖茨	5200	–6%	投资	美国	60
2↑	沃伦·巴菲特	4500	–11%	投资	美国	85
3↑	阿曼西奥·奥特加	4200	16%	Zara	西班牙	79
4*	杰夫·贝佐斯	3500	83%	亚马逊	美国	52
5↓	埃卢家族	3300	–40%	美洲电信	墨西哥	76
6↑	马克·扎克伯格	3100	7%	Facebook	美国	31
7↓	拉里·埃里森	3000	–15%	甲骨文	美国	71
8–	大卫·科赫	2900	22%	科氏工业	美国	75
8–	查理斯·科赫	2900	22%	科氏工业	美国	80
10↓	伯纳德·阿诺特	2400	–18%	路威酩轩	美国	66
10–	迈克尔·布隆伯格	2400	76%	彭博	美国	73

图 1-8　2016 胡润全球十大富豪榜

		2016 胡润全球富豪榜——中国大陆十大富豪					
排名	姓名	财富（亿元）	财富变化	全球排名	财富来源	年龄	居住地
1↑	王健林家族	1700	4%	21↑	万达	61	北京
2↑	马云家族	1400	–14%	36↓	阿里巴巴	51	杭州
3↑	宗庆后家族	1250	0%	41↑	哇哈哈	70	杭州
4↑	马化腾	1240	12%	41↑	腾讯	44	深圳
5↑	雷军	920	0%	62↑	小米科技	46	北京
6↑	严昊	910	0%	62↑	苏太华系	30	南京
7↓	李彦宏、马东敏夫妇	825	–28%	69↓	百度	47，45	北京
8*	许家印	740	64%	90↑	恒大	57	广州
9*	卢志强	660	25%	101↑	泛海	63	北京
10*	丁磊	630	85%	121↑	网易	44	广州

图 1-9　2016 胡润中国十大富豪榜

从表面来看，榜上的人物掌握着这个世界绝大多数的财富，其经营的企业深刻地改变着这个世界。

从本质来看，这些企业家的成功不仅仅是个人奋斗那么简单，比如王健林。2016年，王健林取代李嘉诚成为华人首富，109座已建成的各个城市的万达广场、2156.6万平方米物业、6586.2万平方米的施工面积、5341亿元总资产……王健林的投资逻辑让万达在过去20多年总能顺利转型。

这其中，到底有什么不为人知的企业增值的秘密？同样是做企业，为什么这些巨无霸们就能登上榜单呢？暂且卖个关子。

从"赚钱思维"升级为"值钱思维"，在资本的世界一路向前

在资本市场中，总少不了中国企业的影子，他们在美国股市遭遇滑铁卢，股票从几十块钱跌到几块钱。很多人发出疑问，为什么一家企业这么快就贬值？

归根结底，许多企业家自身将企业做成了一个"赚钱机器"。当然，一台赚钱的机器，能赚钱就好，问题是他们通过各种方式想赚钱却没赚到，结果动起了"歪脑筋"，数据造假、未能按照上市公司标准执行，目

的无非是希望企业变得值钱，再把股票卖掉，大赚一笔——如此畸形的"赚钱思维"非常可怕。本应该靠增值、靠上市，有了足够资本，再逐渐做一家真正有价值的企业，结果却白白毁在自己手里。本想捞钱，却止于上市之路，不但没有赚到钱，还落得个坏名声，这是没有"值钱思维"而缺失一个完整价值体系导致的结果。

从"赚钱思维"升级为"值钱思维"，才能迈上资本之路，让财富不断增值。

企业样本1 顺丰速运

2016年2月18日，顺丰速运公司在发布的《上市辅导公告》称："顺丰控股（集团）股份有限公司拟在国内证券市场首次公开发行股票并上市，目前正在接受中信证券股份有限公司、招商证券股份有限公司、华泰联合证券有限责任公司的辅导。"

此前，顺丰对上市一直不积极，创始人王卫似乎一直有"上市不好"的病毒性思维，他曾向媒体公开说，上市的好处无非是圈钱，但顺丰不能为了圈钱而上市。因为上市之后利润和股价会成为主要目标，不利于长期的战略性投入，同时上市所需要的信息披露，也不利于保护商业秘密，制定战略计划。

几年过去，国内快递行业的竞争已不知不觉进入资本层面，随着时间改变，行业竞争，以及对资本市场认识的深入，王卫转变了埋头赚钱的传统观念——顺丰必须变得更为值钱才能完成企业的升级。

如今顺丰已不是一家单一模式的物流公司。业务涉及速递、生鲜电商、跨境电商、金融支付、无人机等。之前融到的钱难以维持如此巨大的业务流量。

2016 年 5 月 23 日，顺丰股权置换欲借壳上市，资产作价 433 亿元。

2016 年 7 月 26 日，顺丰借壳上市方案进一步调整。鼎泰新材[1]公告显示："顺丰控股将其直接或间接持有的合丰小贷 100% 股权、乐丰保理 100% 股权和顺诚融资租赁 100% 股权转让给明德控股或其指定的除顺丰控股及其子公司之外的第三方。"

顺丰通过借壳成功上市，登上新的财富高峰指日可待。

然而，促使王卫思想转变的因素有哪些呢？

---

[1] 鼎泰新材：董事长刘冀鲁，2010 年鼎泰新材 IPO 上市募集 5.86 亿元，到 2013 年底，首发募集资金已经全部使用完毕，上市 6 年，从未进行过再融资输血。

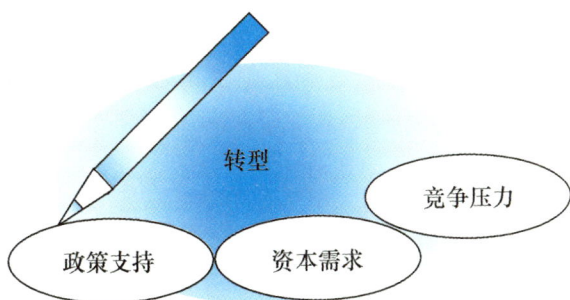

图 1-10　促使王卫思想转变的主要因素

1. 政策支持

在国务院陆续出台"促进农村电商和快递业发展"等相关政策的背景下，国家有关部门也希望扶植一家中国快递业的标杆，顺丰成为最佳人选。

2. 资本需求

2013 年 8 月，顺丰曾引入元禾控股、招商局集团、中信资本、古玉资本 4 家战略投资者，并转让出 25% 的顺丰速运股份以应对不断增加的资本扩张需求。

3. 竞争压力

2015 年下半年起，中国快递业进入密集上市潮。2015 年 12 月 2 日，申通快递借壳上市；2016 年 1 月 15 日，圆通速递有限公司进行资产重组。中通快递邀请了香港地区的七八家知名投行赴公司交流，并向其咨询上市相关事宜。同行间的竞争压力也许是促使顺丰上市的最强刺激点。

通过企业利润积累来实现资产增长，这是大部分中小企业资产增长的最常见模式。这种模式可称为企业资产积累 1.0 时代——一切以利润为主导，利润多，企业发展快，一旦利润下降，企业就会面临生存危机。这种模式下，企业发展速度受制于外部经济形势，以这种模式做企业，很难使企业获得飞速扩张与发展。王卫正是已经意识到这一点，才决心走一条资本模式升级之路，借助资本运作的力量，不断升级，迈向资产积累 2.0 时代，实现资产爆发式增长。

📁 读懂资本运作，在资本市场实现华丽转身

资本运作（Capital operation），又称资本经营、消费投资、连锁销售、亮点经济、离岸经济等，是中国大陆企业界创造的概念。它是指利用市场法则，通过资本本身的技巧性运作或资本的科学运动，实现价值增值、效益增长的一种经营方式。简言之就是利用资本市场，以小变大、以无生有的诀窍和手段，通过买卖企业和资产而赚钱的经

营活动。

资本运作最大的意义是能够带来更多价值增值的可能。而对投资人而言，闲置的资本是浪费，资本运作的目的是实现资本的有效配置，将闲散的资本聚集起来，投入资本市场，通过发行股票证券、企业并购、风险投资等活动，以实现价值增值。

简单来说，资本扩张有三种类型：

● 第一种是横向型，以同行业并购为主要手段；

● 第二种是纵向资本扩张，通过对上游原料和下游销售渠道及对用户的控制来提高企业对市场的控制力；

● 第三种为混合资本扩张。

通俗地讲，资本运作可以让资本"滚雪球"式前进，不断增值。玩转资本的方式有很多，就"值钱"这点而言，股权、融资、上市是企业自我增值的 3 个关键，这也是本书后续章节将要详细阐述的重点。

总之，走一条资本之路，企业才能更加顺利地自我增值，在资本市场实现华丽转身。

企业样本 2 韩后

韩后是一家成立于 2005 年的著名护肤品牌。

"韩后将定向年轻，投资未来，在产品、品牌、营销、渠道等方面进行年轻化升级。"

韩后创始人王国安在 CEO 权力交接发布会上，回顾了 10 年的艰苦创业历程，同时也肯定了合伙人彭卫华的功劳和贡献。关于韩后未来的转型升级内外环境，彭卫华分析道："虽说截至现在，韩后 2015 年的营业额增幅达到 49.3%，纳税 1 个多亿，但这下半年韩后一直在反思，过去依托化妆品黄金期发展的红利，韩后取得 10 亿级的体量。但过去'草根模式'的简单粗暴经营方式已经不适用于未来的韩后，系统性、规范性、专业性才是韩后所需要的。所以，韩后需要从上至下的新鲜血液。"

如今，韩后正欲从赚钱企业升级为一家值钱企业。

那么，在转型升级之路上，韩后都做了什么呢？如表 1-2 所示。

表 1-2　韩后的转型升级、自我增值策略

策略	简要分析
定位年轻化	韩后经调研后发现，我国 16 ～ 26 岁的年轻消费群已达到 2.25 亿人，未来，这些群体逐渐成为护肤品消费的主力军。韩后已着手进行重新定位，将"年轻""天然""韩风"作为核心诉求点。调整后的整体格调将更符合年轻用户的需求，形成"天然年轻护肤"的韩后品牌定位

（续表）

策略	简要分析
营销接地气	韩后拟投资 2.1 亿元到各大院线广告，并获得了国内影院映前广告媒体供应商的资源支持。在全国电影院投放电影映前广告的同时，韩后还将植入 11 部影视剧，最大限度地提升韩后在年轻消费群体中的认知度和信任度
"核聚变"策略	即选择核心市场，通过更多灵活多变的方式抢占年轻消费者的心智，力争 3 年内在核心市场的渗透率达到 70% 以上

以上几点，只是韩后吸引更多资本的注意、让自己更值钱而做出的改变。

曾有一个投资人问创始人王国安，你的公司已经这么赚钱，为什么还要融资呢？

王国安这样回答："就像国家跟国家一样，美国造出原子弹，如果你没有原子弹，你就会被欺负，包括你拿A轮、B轮，你赚了足够多的钱，这个原子弹你一定不能用，你用了这个原子弹就输了。但你没有原子弹就上不了台面，大家就不能一起来讨论任何一个问题……在这个时代，就像房地产一样，你做一个房子出来，房价降了1/3，如果还没有人买你的房子，说明这个项目没有需求；如果你只是价格贵，别人不买你，说明市场不好，而不是供大于求。"

的确，获得资本市场的青睐是每一家企业攀登财富巅峰的入场券。不仅是护肤品行业，中国大部分企业，若不借助资本的力量，恐怕永远难以破局，华丽转身，走向世界！

PART2

值钱不是矫情和空话，企业对接资本、自我增值的 3 个关键

关键 1——股权为王

●●●●●
资本物语

《双城记》[1] 中说:"这是一个最好的时代,也是一个最坏的时代。"

之于站对风口的人,金融资本大时代的顺风将助力他们扶摇直上;

之于逆风而行的人,将不得不面对苦涩的结局。

倘若一个国家不能成功输出价值观,就没有资格称为"大国";

倘若一个国家不能成功输出资本,就算不上是一个真

---

[1] 《双城记》:英国作家查尔斯·狄更斯所著的一部以法国大革命为背景的长篇历史小说,情节感人肺腑,是世界文学经典名著之一。

正的"经济大国"。

为什么许多伟大的企业都根植于美国？

是因为美国有优秀的人才、完善的制度、自由的文化？

也许唯有一种活动能将上述要素深度融合——股权投资。

📁 股权——企业价值的搬运工

企业发展到一定阶段，必然会面临融资问题，如果没有资本投资，恐怕"苹果"现在还在树上，"阿尔法狗"只能在森林里打猎，难有机会与人类天才棋手对弈。正是有了金融资本，这些有价值的企业才能摆脱资金的窘境，敢于投入，发展科技，为社会创造更大的价值。而股权正是金融资本中的关键一环，也是企业自我增值的路径之一。

股权就像一个躲在黑幕背后的"幽灵"，让现实世界的人看不见、摸不着，却又无时不刻感知它的存在。简单来说，它对企业、个人、社会主要有以下影响，如图 2-1 所示。

随着时间的推移，国外主流经济体中的大型股权投资机构逐渐成熟，从市场的边缘地带走到了历史舞台的中央。

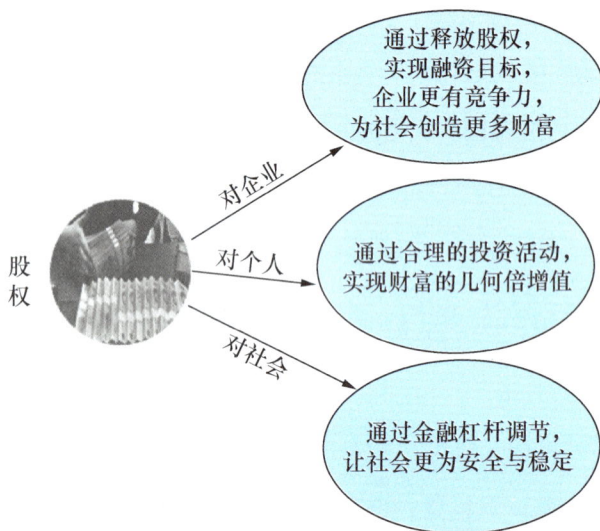

通过释放股权，
实现融资目标，
企业更有竞争力，
为社会创造更多财富

对企业

通过合理的投资活动，
实现财富的几何倍增值

对个人

股权

对社会

通过金融杠杆调节，
让社会更为安全与稳定

图 2-1　股权对企业、个人和社会的影响总结

美国作为世界第一大经济体，迄今为止，其股市市值世界第一，高达 24 万亿美元，是 GDP 规模的 1.4 倍。美股让微软、谷歌、苹果等企业实现了大规模融资、并购重组、全球布局。此外，美股也是美国实施全球化战略的一个不可缺少的工具。

反观中国，截至 2015 年 10 月 14 日，包括主板、中小板、创业板，中国的上市企业数量总和 2800 家（数量是不断变化的），截至 2016 年 5 月 9 日，全国新三板市场挂牌公司总数突破 7000 家，新三板挂牌公司总市值达 2.98 万亿元。

金融资本时代的一个不可避免的代价是金融危机频发。从 2008 年金融危机开始，世界经济发展脚步放缓，经济下行压力巨大，作为全球化的重要一员，中国经济这两年来未能逃出世界经济大势，实体经济疲软，传统企业危机重重。为了刺激实体经济，国家的金融政策势必做出相应的调整，而中国也迎来了金融资本时代最大的政策利好局面，在此背景下，政府一再鼓励股权融资，股权为王的时代终于来了！

尽管我国资本市场起步较晚，但自改革开放以来，中国股权投资之路在摸索中逐步展开，试图走出一条有中国特色的股权投资之路。如今，资本市场逐渐渗透、改变了我国的金融生态，金融业进入蓬勃发展的阶段，同时也改变着中国企业的观念。许多企业告别了野蛮生长的时代。股权投资行为也升级为不再依靠高卖低买进行投机操作，而是在新经济转型过程中，寻找新技术、新商业模式，以孵化上市企业来获得股权红利——从这个角度而言，股权无疑是企业自我塑造、升级转型过程中的价值"搬运工"。

前路依旧崎岖，未来可期可待

随着我国经济进入新常态，股权投资市场也将获得更多的机遇与挑战。对多数企业来说，当务之急便是要提前做好谋划与布局，抓住"有钱任性"的机会，如表 2-1 所示。

表 2-1　捕捉未来股权投资市场的机遇

机遇	分　析
投资竞争激烈 机构愈加活跃	随着新兴行业的发展及优秀企业的不断涌现，目前我国资本市场投资日渐激烈，迫使投资机构加大了投资力度。此外，随着股权管理政策的相继出台，股权时代迎来了规范化的监管，这样一来企业的融资渠道就得到了更多元化的选择及有力的保障
企业不断创新 领投持续加码	近几年，我国的互联网经济正从量变走向质变，许多具有互联网思维的创新企业成了新技术、新模式的缔造者，这些企业在为自己创造价值的同时，也推动了社会的进步和发展。在各种"创新""突破"之举及"互联网+"时代背景下，未来的投资将持续加码
改革浪潮持续 大佬相继登场	国企的不断改革，为非公有制资本参与国企改革提供了政策上的支持。而作为资本市场建设的重要一部分，私募股权的发展也逐渐受到认可。待中央层面的具体改革框架及细则出台之时，更多企业势必会借着改革的东风登上资本舞台
并购热潮持续 迎来更多机会	我国经济高速增长期正在远去，接下来的重任是整合产业，助力资本提速，从而缓解并购导致的资金压力。在并购热潮的持续下，未来资本市场将获得巨大的释放空间，迎来更多机会

（续表）

机遇	分 析
政策积极落实 真正迎来金主	中国保监会通过发布《中国保监会关于保险资金投资创业投资基金有关事项的通知》，进一步深化了资金运用市场化改革，完善了股权投资政策布局，当更多资本逐渐适应了经济新常态，就会把握发展新机遇，与更多有价值的企业分享新一轮经济增长成果
政府加以引导 运作机制成熟	国务院总理李克强提出，"成倍扩大中央财政新兴产业创投引导资金规模，加快设立国家新型产业创业投资引导基金，完善市场化运行长效机制，实现引导资金有效回收和滚动使用，破解创新型中小企业融资难题"——这是政府加以引导最高级别的表态，在政策与市场竞争的引导下，未来的资本运作机制将逐步走向市场化、规范化
全球市场升温 海外上市可期	未来随着企业融资渠道的逐渐畅通，以及全球资本市场的持续升温，一方面，国内资本市场将迎来大规模扩容，另一方面，受国内资本市场改革的刺激，远赴海外上市不再是奢望

关键 2——融资有道

●●●●●
资本物语

　　资金链是企业命运的咽喉，也是企业可持续发展的血液。

企业的资金链一旦发生断裂，后期所有的新品开发、技术研发、利润等都是纸上谈兵。"问渠哪得清如许，为有源头活水来。"在资本面前，企业面临的将是一场生死之战。纵然有万贯家财，倘若不思进取、坐吃山空，终有一日会千金散尽。

因此，企业不仅要有充裕的资金，还要有良好的融资能力，以实现更好的企业经营，从而不断增值。

英国的麦克米伦爵士是现代金融史上第一个正视中小企业融资难题的人。

1931 年，麦克米伦在调研了英国金融体系和企业后，向英国政府提交了一份《麦克米伦报告》，阐述了企业在发展过程中存在的资金缺口难题，即资金供给方不愿意以企业提出的条件提供资金——这条横亘在企业和金融机构之间难以逾越的鸿沟，就被称为"麦克米伦缺口"[1]。

放眼世界范围内的融资，大多数企业都存在着资金供

---

[1] "麦克米伦缺口"（Macmillan Gap），该理论认为企业（尤其是中小企业）在发展过程中存在着资金缺口，最初提出这个概念并用于公开政府报告的是英国的金融产业委员会，是为了摆脱当时经济危机的困扰而提出的。

给不足而形成的"麦克米伦缺口"。

西方发达国家由于较早地发现了这个问题，于是十分重视"麦克米伦缺口"，在组建了一定数量的中小金融机构后，完善了资本市场相应的金融体系。

正相反，我国市场现行的金融体系和资源配置，以政府主导为特征，在企业发展过程中，"麦克米伦缺口"呈现放大趋势，企业融资难已成为不争的事实。

▱ "以量取胜"的企业死路一条，融资有道才能畅行无阻

企业在发展过程中，自我增值的路有千条万条，但对于那些技术含量低、成长性差，只会"以量取胜"、墨守成规的企业往往只有死路一条，除了股权投资，融资亦是企业持续成长、不断增值的根本路径。

不管是政府、本国银行、外国资本，还是担保公司，如果一家企业处于产业链末端，就很难得到这些掌握着"财富大权"的资本的青睐。

市场经济，优胜劣汰，总有一波又一波的企业倒下去，并催生着更有价值的企业崛起。金融风暴时代的洗牌，资本市场的大浪淘沙，在这个过程中，那些缺乏活力和价值的企业被淘汰实属常态。政府即便干预救援，拯救的也是

优质、有价值的企业，至于银行和外国资本，更愿意把资金给能给它们带来丰厚利润回报的企业。毕竟这些组织不是慈善机构，即使是帮助或者互助，也难免戴着"嫌贫爱富"的有色眼镜，如果资本方在出资过程中，始终看不到企业的价值所在，甚至总拖后腿，迟早会把这家企业拒之门外。

因此，那些缺乏竞争力的企业，在资金困难时期，往往扮演着"皮球"的角色，被不同的资本机构踢来踢去，直到折腾得筋疲力尽，也难以拿到一分"救命钱"。

📂 "栽得梧桐树，引来金凤凰"

资本就像一只金凤凰。企业只有苦练内功，家中栽下梧桐树，才能引来资本这只金凤凰，才会在今后融资时少碰壁，多拿钱。

企业样本 1 苏州某生物能源企业成功拿下创投公司贷款 100 万元

众所周知，江苏与浙江同是全国经济的排头兵。苏州某生物能源开发有限公司成功拿到苏州工业园下属创投公司的第二笔贷款 100 万元。进行投资的创投公司，其援助的对象一向是科技含量较高、研发创新能力强的企业，而该生物能源公司两者具备，轻松拿到了贷款。

企业样本 2　重庆某美食娱乐广场项目成功融资 1000 万元

重庆某美食娱乐公司成立于 2000 年 4 月，注册资金 5000 万元。由该企业推出的美食娱乐广场项目定位于 24 小时的不夜城，打造一个集吃、喝、玩、乐、住、购于一体的美食休闲综合体。为了吸引资本，该企业在制定项目具体方案时，突出了人口数量庞大、地理位置优越、股东制管理等亮点，最终成功融资。

企业样本 3　广州某医疗企业获得美国资本机构投资

广州某知名科技型医疗企业，连续 6 年以 100% 的速度快速发展。即便如此，它也遇到了资金匮乏的危机，一直在积极寻找"融资租赁""信贷扶持"等机遇。而美国某资本机构看中了该医疗企业的高成长性，决定为其提供数百万美元的设备，同时提供 5 年免息贷款，该医疗企业终于转危为安。

"时势造英雄"。在经济困难期，一向行走在媒体、舆论边缘化地带、默默无闻的优秀企业开始显山露水，它们因为优秀而变得值钱，成为融资渠道上的常胜将军。

要想成功吸引资本的目光，企业可参考以下路径，先提升自己的综合竞争力，从而增强融资能力，如图 2-2 所示。

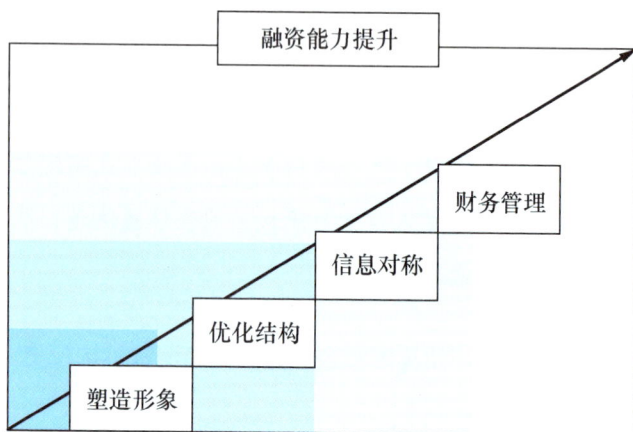

图 2-2　企业提升融资能力的 4 个路径

路径 1. 塑造形象

在不同场合，企业形象的定义也不同，银行决定是否为企业打开资金的大门。在银行眼中，企业形象就是信用。因此，企业要遵守国家政策、法律法规，按时缴纳税款，以防止在银行、税务、工商等有关部门留下不良记录，以诚信为本，树立良好信誉，给资本留下第一好印象。

路径 2. 优化结构

无论是银行还是其他金融机构，都对那些产品科技含量高、市场潜力大的企业青睐有加，资金也倾向于流入高新技术企业。为此，企业要拓宽自己的资金来源，还要不断优化自己的结构，尤其是产业结构。企业要重视产业升级，增加对科技含量高、市场前景好且附加值高的产品投入，及时淘汰一些高污染、低产出、高消耗的产品，这样才会令金融机构产生投资的欲望和信心。

路径 3. 信息对称

企业融资难，一部分是由信息不对称造成的。

一方面，许多银行在中小企业融资方面已经推出了一些创新产品；

另一方面，由于企业不了解信息，会错过一些贷款、担保、抵押等贷款品种。

事实上，企业也并非只有通过担保或者提供抵押才能获得贷款，只要适时向银行展示和宣传自己，主动向银行咨询是否有合适的融资产品适合自己，企业就可能以较低成本获得银行的支持。

路径 4. 财务管理

企业除了提升自己的综合竞争能力，完善的财务管理也是赢得资本欢心的重要因素。因此，企业成立时间再短、再小，也不能在财务上马虎，也要"麻雀虽小，五脏俱全"，通过完善企业财务制度、有效建立资本预算系统、预测企业现金流量、加强间接费用控制等措施加强财务管理。

"大音希声，大象无形"。"金点子"再多，如果企业群起而用之，也会失灵。当企业的资金链在各方告急，绞尽脑汁寻找融资妙计，甚至幻想天上掉馅饼砸到自己时，最有效的度过危机的融资方法，往往是最常见甚至看起来最平常的手段。企业只有苦练内功，才不会在暴风骤雨来临时惊慌失措！

关键 3——上市之路

●●●●
资本物语

张爱玲说："成名要趁早。"

对企业而言则是，"上市要趁早"。

> 近几年，随着资本市场的大环境竞争激烈，入股、上市的审核也愈来愈严苛。如果企业决心进入资本市场，最好要趁早，这样才能避免在残酷的竞争中"过早死掉"。

资本方向是企业购买股票，其实就是在买上市企业的未来，或者说是"无形资产"，因为无形资产不仅是独占的权力，更是利润的来源。对企业而言，上市才能拥有更多的"无形资产"——股价上升，收益持续增长，未来才有更好的发展。反之，就有可能在竞争愈加激烈的未来走向末路。

企业上市，即首次公开募股（Initial Public Offerings，IPO），指的是通过证券交易所首次公开向投资者增发股票，以期募集用于企业发展资金的过程。目前，在我国的资本市场交易环境下，上市主要分为 3 种方式：

● 在我国境内上海、深圳证券交易所上市（A 股或 B 股）；

● 设立离岸公司在境外证券交易所（如纳斯达克、纽交所、港交所等）上市；

● 在新三板[1]上市。

🗀 深挖上市价值，摒弃"上市不好"的短视行为

每家企业的发展都有自己的路径，别人的模式未必值得我们研究和模仿。但不可否认的是，企业和资本本来就同属一个商业圈子，如果二者之间能以一种合理的交易方式（比如上市）达成共识，那么双方的资金与资本的力量就会同步叠加，一旦企业联合资本机构形成了利益上的共振，那么摧枯拉朽就不会是奢侈的梦，在短时间内，就很可能集合数千万、数亿甚至几十亿的资本与能量。

上市，令企业具备如同风暴一般的筹集资金能力，在未来的资本大战中，便是利剑出鞘，刀刀见血。资本越多，就有越多的话语权，这就是资本市场的基本规则。

然而，现实中也有很多企业认为"上市不好"，理由多种多样，如表 2-2 所示。

---

[1] 新三板：一板市场通常是指主板市场（含中小板），二板市场则是指创业板市场。相对于一板市场和二板市场而言，有业界人士将场外市场称为三板市场。三板市场的发展包括老三板市场（以下简称"老三板"）和新三板市场（以下简称"新三板"）两个阶段。老三板即 2001年 7 月 16 日成立的"代办股份转让系统"；新三板则是在老三板的基础上产生的"中关村科技园区非上市股份公司进入代办转让系统"。

表 2-2 "上市不好"的理由示例

理由	分　析
失去隐私	一旦上市，必须作年报，并且要出具一系列财务、税务管理明细。因此很多企业认为因此失去"隐私权"，暗箱操作、偷税漏税，以至于降低成本的小算盘打不响了
随时公开	成为公众公司后，企业花的每一分钱，企业的每一个决策，都不再是自己的事情，而且要随时向公众公开企业的最新情况。然而，有些企业因为某种原因不得不停止对有关人员支付红利或减薪。我国民企发展初期，政策、审批环节需要疏通关系，这部分钱是无法在财务报表中公开的
被人监管	成为上市公司后，管理人员必须放弃一部分行动自由。原本是自家的企业，却要被别人监管。这是不少企业家不愿上市的原因

如果因此放弃上市，认为上市不好，毫不夸张地说，这是一种病毒性思维。

当然，如果你的企业像娃哈哈、华为、老干妈等，这种无须借助资本力量也很会赚钱的企业，那么你也可以选择不上市。但现实中类似的成功企业毕竟少数，对绝大多数企业而言，都不应因为各种主观理由一味地拒绝或放弃上市，应尽早摒弃"上市不好"的短视想法。

那么，上市究竟有哪些好处，对企业未来发展有哪些价值呢？如图 2-3 所示。

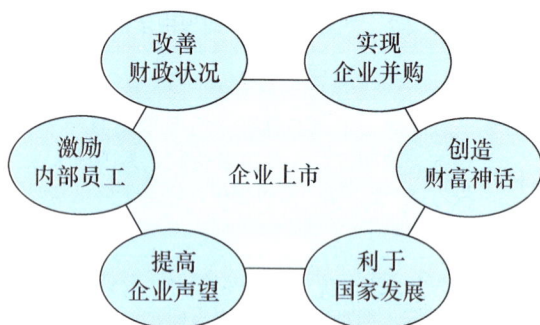

图 2-3　企业上市的六大价值

1. 改善财政状况

企业通过发行股票得到的资金是不必在一定限期内偿还的，这些资金能够立即改善企业的资本结构，允许企业借利息较低的贷款。

2. 实现企业并购

上市企业通常通过收购股票并购其他企业，也可以用股票做抵押进行融资。股票市场上，股份估值客观而便捷，企业的价值由股票的市场价格来决定，能避免很多麻烦。

3. 激励内部员工

许多企业常常会通过认股权或股本性质的方式来吸

引、激励优秀员工。上市往往会使员工对企业产生一种
主人翁的责任感，因为他们能够从企业未来的发展中得
利。因此，上市企业股票对于员工有更大的吸引力，因为
股票市场能够独立地确定股票价格从而保证了员工利益的
兑现。

4. 创造财富神话

马云因为持有华谊企业不到 10% 的股权，在阿里巴
巴上市前赚到了最多的钱；孙正义因为投资了马云，成为
马云背后的老板，阿里巴巴上市，让孙正义成为这个地球
上最成功的投资人；而阿里巴巴上市这一单买卖，创造了
2000 多个千万富翁。

对资本而言，上市企业是最大的财富制造机器。上市
企业创造了太多的财富神话。当年李彦宏和刘强东能够登
陆中国富豪榜，黄光裕能够成为中国首富，都是因为其所
属的上市企业创造了财富神话。

- 上市企业创造的财富可谓利国利民；
- 上市企业的税收是利国的；
- 上市企业承担社会责任，是公众企业；
- 上市企业所支出的每一笔钱，都有社会监督；
- 上市企业必须为所有的员工提供更多的社会保障；

● 上市企业由于接受社会监督，所以其生产的产品相对来说是更信得过的，否则会面临信用危机，可能导致股价大跌；

● 上市企业由于在股市获得溢价的能力，所以上市企业为投资人、为股东、为企业主创造了巨量财富。

5. 提高企业声望

上市有助于提高企业声望。公开上市后，企业的受关注度大大提升，通过新闻发布会和其他渠道以及企业股票每日在市场上的表现，总会有商界的投资者及大众注意到你的企业，从而逐渐提升曝光度和影响力。

6. 利于国家发展

上市有利于国家发展。美国之所以强大，其中一个重要原因是美国金融市场的繁荣。美国拥有世界第一街华尔街，而华尔街有两大证券交易中心，纽交所及纳斯达克，每年都会吸引诸多国内外企业"到此一游"。

📁 上市不是神话，而是要趁早

在大众印象中，能上市的企业似乎都是"超级巨星"，上市更是草根出身的中小企业无法企及的白日梦。

其实，只要企业符合上市的条件，让资本看到自己的价值，无论规模大小，都有上市的权力和机会，如下面这家企业。

| 企业样本 | **A-one 精密——上市不是神话，小企业也有自己的光辉** |

创办于 1970 年的 A-one 精密主要生产超硬弹簧夹头，拥有 1.3 万家国外用户，市场占有率高达 60%，每年保持超过 35% 的毛利率。但是，与软银、优衣库这样的大企业不同，由梅原胜彦创办的日本 A-one 精密是一家小公司，包括老板在内一共 13 人。尽管只有 13 人，A-one 精密却成功在大阪证券交易所上市。

很多人好奇，这家小到极致的公司如何做到行业领先、成功上市的呢？如表 2-3 所示。

表 2-3　A-one 企业成功上市的"内功"分析

原因	分　　析
质量好	• A-one 的产品质量好，这是企业成功的基石
出货快	• 一般大企业生产同类产品需要一周或两周，而 A-one 只需要 1～3 天
环节少	• A-one 人少，中间环节少，工作效率极高 • 典型的例子是 A-one 一年开会的时间加在一起不超过 30 分钟，很多交流在现场站着就说了

（续表）

原因	分　析
效率高	• A-one 从接受订单到生产，中间间隔不到 5 分钟。大多是通过手写传真下发生产单。因为产品品类少，所以生产过程省去许多环节，如生产排期、物料管理、交货期管理等诸多流程，为了缩短交货周期，A-one 省略了质检的步骤
销售网	• 作为一家微型制造商，A-one 拥有自己的销售网络，避免被销售端控制价格
幸福感	• 梅原胜彦是老派的日本手艺人，认为工作是寻找幸福的地方，在 A-one 精密，管理方面不那么"现代"，员工是终身雇佣且不需要打卡，没有上下级和头衔，可以分享公司盈利

"上市要趁早"，一方面，近几年上市的要求、规则愈加严格，资本市场的大环境不断"受损"，排队等着上市的企业，从某种程度来说是在与命运博弈，倘若运气不佳，巧遇政策性的暂停审核或发行，就很可能在商业环境中受困、难以做大，甚至威胁未来的生存；另一方面，竞争愈来愈激烈，企业若决心进入资本市场，不如趁早，避免被"后浪"拍死在沙滩上。

而上述案例中的 A-one 精密无疑为小企业成功上市提供了一种思路，企业成功固然有很多种方式，但不论采取哪一种，只要做到极致，便是值钱的、有机会上市的企业！

PART3

价值这家伙，看得见不算真本事，

抓住股权时代的机遇更重要

读懂 2016 两会金融政策：
左手创新，右手监管

●●●●●
资本物语

　　在中国做生意不能跟着感觉走，而是要跟着政策走。读懂政策，关注政策本身，不被评论带跑，分析政策关注的要点，才能结合自己所在的行业现实情况，调整企业发展战略，及时把握发展风向，抓住股权时代的更多机遇。

　　自 2015 年以来，我国经济进入新常态，而股权投资市场也随着一系列金融政策的落地，获得更多的机遇与挑战。为此，有志于在资本市场博弈的企业，有必要时刻关注我国最新金融政策释放的信号，从而在股权时代把握更多机遇。

机遇样本　2022 冬奥会产业链背后的投资机遇

2015 年 7 月 31 日，国际奥委会决定，由北京联合张家口联合举办 2022 年冬奥会[1]。

据业内人士估算，此次冬奥会所涉及的冰雪运动带动的其他关联产业收入将达到 3000 亿元以上。

冬奥会的赛事规模虽比不上夏奥会，但其参赛人数已从 1924 年的 258 名上升至 2014 年的 5000 多人，逐渐成为全球最吸引眼球的赛事之一。仅从电视转播的公开数据来看，2014 年的索契冬奥会电视转播时间长达 8.8 万小时，参与实况转播的电视公司达 300 多家。中国就有约 1.9 亿人观看了至少 15 分钟的转播。

按照国际分析法，当人均 GDP 达到 5000 美元时，民众将会对体育运动有所需求；人均 GDP 达到 8000 美元时，体育运动将成为国民经济的支柱产业之一（根据国家统计局的数据，中国的人均 GDP 在 2011 年超过 5000 美元）；

---

[1] 2022 年冬奥会：全称"2022 年北京—张家口冬季奥运会（2022 The winter Olympics in Beijing & Zhangjiakou）第 24 届冬季奥林匹克运动会"，简称"北京张家口冬奥会"，将于 2022 年 2 月 4 日～2022 年 2 月 20 日由中华人民共和国北京市和张家口市联合举行。这是中国历史上第一次举办冬季奥运会，北京、张家口同为主办城市，也是中国继北京奥运会、南京青奥会后，中国第三次举办的奥运赛事。

人均 GDP 接近 1 万美元时会迎来冰雪运动发展的"黄金期",可见,我国的冬季运动产业雏形显现。

冬奥会滑雪项目举办地崇礼县总人口只有 12.6 万,而受益于滑雪产业的就业人数就有 1.3 万。据统计,雪场建设服务人员、周边旅馆农家乐、交通支持和其他旅游项目为主的第三产业,已经支撑起崇礼 20% 的 GDP。

尽管 2022 年冬奥会所带来的投资无法预算,但若以"带动 3 亿人参与冰雪运动的目标""5% 的滑雪人口比例"以及"人均活动消费 500 元 / 年"来预测,国内冰雪产业未来每年将创造活动收入 325 亿元左右,按照正常的 1:10 的规模拉动相关产业的发展预计,冰雪运动带动的其他关联产业收入将达到 3000 亿元以上。

2015 年 7 月 31 日,在选举结束后,北京市市长王安顺在发布会上明确表示,北京正式从申奥阶段转为筹办阶段。未来几年内,国家势必会推出更多政策,拉动经济发展,引领新一轮体育产业领域的投资热潮。不难预见,随着冰雪项目成为未来热点,细化体验游客、深度体验游客以及冰雪发烧友、冰雪专业培训等不同等级大众雪场和专业雪场,冰雪运动相匹配的器械制造、技能培训产业、观光旅游、冰雪运动配套服务娱乐等链条上的产业发展项目,无疑将成为下一个体育产业投资的"风口"。

冰雪产业链很长，从器材、场地、赛事、培训，到相关上下游产业，如旅游、地产、娱乐等，玩法多，涉及面广，发展空间巨大。对于投资者而言，未来怎么玩，新政策之风还将吹向何方，目前还都是问号，需要企业老板和管理者持续关注这股政策新风。

由远及近。离我们最近的当属 2016 年的两会，其中金融体制改革是最引人关注的内容之一，李克强总理强调 2016 年的重点工作之一是"深化金融体制改革"，在工作报告中，李克强总理这样说道："规范发展互联网金融。大力发展普惠金融和绿色金融。扎紧制度笼子，整顿规范金融秩序，严厉打击金融诈骗、非法集资和证券期货领域的违法犯罪活动，坚决守住不发生系统性区域性风险的底线。"

"创新""监管"是最新金融政策的关键词，如表 3-1 所示。

表 3-1　2016 年最新金融改革政策对"创新""监管"的要求解读

原因	分析
创新	优化利率市场化下的金融市场。鼓励中外资本参与中小企业的投融资活动，让更多企业成功上市
	银行业金融机构改革。鼓励银行放下身段，为中小企业服务
	重视普惠金融和绿色金融的发展

（续表）

原因	分　析
监管	明确监管改革方向。通过"职能整合"和"机构整合"对我国金融监管体制进行改革
	关注重点监管对象。报告提到"规范发展互联网金融""扎紧制度笼子，整顿规范金融秩序""严厉打击金融诈骗、非法集资和证券期货领域的违法犯罪活动"
	探索监管有效途径。对资本市场来说，制度越规范，企业与投资人越安全

📁 在新政策下，重塑企业品牌价值、把握更多机遇

国民经济的发展需要转型，转型要靠创新，创新则需要改革。这也是由我国经济的现状决定的。

尤其在世界经济增长疲弱的当下，全球各国都在寻找经济增长的新动能。

英国脱欧[1]、日本"安倍经济学"……无不试图通过创新在全球经济一体化中另辟蹊径。反观中国，则似乎仍是世界经济的"压舱石"。

---

[1] 英国脱欧：北京时间 2016 年 6 月 24 日，英国就是否留在欧盟举行全民公投，投票结果显示支持"脱欧"的票数以微弱优势战胜"留欧"票数，英国将不再属于欧盟成员国。

总体来看，中国要想实现升级版的中高速增长，创新驱动是关键。企业除了利用政策工具促进创新，本身也要找到自己的创新驱动力。

在新的经济环境和政策推动下，企业也应该积极谋划在经济新常态下的发展前景，重塑品牌价值，争做具有国际竞争力的优秀民族品牌，成为阿里巴巴这样具有影响力的值钱的企业。一家企业的品牌价值往往比企业的重资产值钱多了。可惜很多赚钱的企业不明白这个道理，在经营活动中拼命增加企业的重资产，而忽视企业核心竞争力——品牌建设，结果即便政策的"东风"吹来之时，企业依然握不住命运的咽喉，依然逃不脱关门的命运。

要成为一家值钱的企业，不仅要读懂新政策，更要通过自我塑造，让品牌增值。这样才能在新的改革之风下，乘风破浪，扬帆万里。

创新样本　**AcFun、Bilibili 弹幕网站的对决**

随着 90 后、00 后逐渐成为视频网站的"主力军"，弹幕网站越来越受到年轻人的喜爱。所谓弹幕网站，即可以一边看视频一边吐槽，与小伙伴分享观影体验。

AcFun（简称 A 站）[1]（图 3-1 和图 3-2）、Bilibili（简称 B 站）[2]（图 3-3 和图 3-4）是两家知名弹幕网站，拥有自己的忠实用户。A 站专注于传统二次元[3]文化社，B 站则循序渐进地推进自己的商业化进程。

A 站 A 轮融资 5000 万美元——由优酷土豆集团领投，据了解，资金已经全部到位，A 站此次融资金额创造了弹幕视频行业内 A 轮融资之最。

B 站于 2014 年已经完成了 3800 万美元 B 轮融资（投资方为 IDG[4]），估值 2.8 亿美元，C 轮已经获得腾讯融资。

接下来，获得资本补血的 A 站、B 站如何通过创新，塑造自己的品牌形象，将决定着两家网站未来在弹幕领域的走向和胜败。

图 3-1　AcFun 弹幕网站官方示意图 1

---

[1] AcFun：AcFun 弹幕视频网，简称"A 站"，成立于 2007 年 6 月，取意于 Anime Comic Fun，是中国较早的弹幕视频网站，中国二次元文化的开创者、引领者。

[2] Bilibili：现为国内较大的年轻人潮流文化娱乐社区，该网站于 2009 年 6 月 26 日创建，又称"B 站"。

[3] 二次元：动漫被圈内成为二次元，相对地，三次元则是指现实生活。

[4] IDG： International Data Group 的缩写，美国国际数据集团，是全世界较大的信息技术出版、研究、发展与风险投资公司。

图 3-2　AcFun 弹幕网站官方示意图 2

图 3-3　Bilibili 弹幕网站示意图 1

图 3-4　Bilibili 弹幕网站示意图 2

眼下二者战略孰是孰非、谁更胜一筹尚且无法定论。但其在发展过程中的创新思路值得企业家们借鉴。

创新 1. 各具亮点、特色

两家网站从起家开始，核心受众和功能性各有特色。B 站是面向御宅族的二次元视频网站，而 A 站除了视频之外，文章和评论区也是一大亮点，其"评论才是本体"栏目内容水准之高，堪比微博上的"日式冷吐槽"。

创新 2. 抓住二次元"情怀"

A 站有庞大的用户群基础，尽管竞争激烈，A 站也并没有消亡。A 站凭借新的核心人物加上新的一轮融资，以及一系列的内容和运营手法，抓住二次元人群要的"情怀"，以此为磁铁，还将持续吸引和扩大核心稳定的用户群。

创新 3. 超越二元的多元化定位

目前 B 站商业模式已经包括游戏联运、广告、电商（周边和门票等）、游戏直播和线下活动，等等。除此之外，在内容层面，B 站不再只专注于二次元的内容，而是为了让用户花更多时间在 B 站，内容更加多元化，超越了原本的单一的二次元定位。

🗁 双创经济下的品牌创新策略

著名经济学家厉以宁在深度解析中国经济进程时表示："双创"也是新常态中的经济增长新动力，金融应该大力支持新的产品和产业，提供必要的融资支持。

不管未来我国还将推出什么样的金融政策，始终是以适应新常态下的"双创"为背景。这就要求身处政策大环境中的企业激发"双创"活力，助推中国经济发展，这样才能成为值钱的企业。

然而，品牌创新并非易事，企业不妨参考以下路径。

路径 1. 创造品牌附加值

据一家国际权威机构的分析报告，创立一个名牌，仅媒体投入至少需要 2 亿美元。而运用资本的力量拓展品牌、提升品牌价值就成为一些企业的首选策略。

企业样本　**联合利华的跨国品牌运作**

联合利华[1]进行跨国品牌运作的成功之处在于，善于

---

[1]　联合利华集团：由荷兰 Margarine Unie 人造奶油公司和英国 Lever Brothers 香皂公司于 1929 年合并而成。总部设于荷兰鹿特丹和英国伦敦，分别负责食品及洗涤用品事业的经营。

收购本地品牌并提升为国际品牌。

据统计，联合利华在全球的 400 多个品牌，大部分是通过收购并推广到世界各地的，如图 3-5 所示。

图 2-5　联合利华品牌示意图

例如，旁氏原是一个美国品牌，联合利华将其买下并发展为一个护肤品名牌，推广到中国，成了深入人心的跨国品牌。

可见，品牌价值的提升同样也可以通过与其他品牌强强联手来迅速地扩展自己的品牌形象，从而创造更多的品牌附加值。

然而，中国企业的品牌战略是最近几年才发展起来的，主要是借鉴日本等亚洲企业的做法，大多采用统一品牌战略，即以一个品牌覆盖企业的全部产品，而较少采用品牌延伸、增加附加值战略。

路径 2. 进行品牌价值创新

所谓品牌价值创新，就是在一定的成本范围内，在不断改进产品、服务的基础之上，用新的品牌价值去满足顾客对原有产品或服务的更高价值目标的追求。

品牌价值创新可以是更改品牌价值属性，也可以是赋予品牌全新的价值属性。在进行价值创新时，主要有以下2 个关键点，如表 3-2 所示。

表 3-2　品牌价值创新的两个关键

关键	分　析
差异化优势	品牌的价值关键体现在差异化价值的竞争优势上。差异化由产品的质量、性能规格、包装、设计、样式等所带来的工作性能、耐用性、可靠性、便捷性等差别决定。品质差别是品牌价值差别的核心，而技术是一切品质的终极决定因素。如苹果手机不断创新，每隔一段时间，便会推出新一代产品，以此牢牢抓住自己的粉丝。服务带来品牌附加价值
核心价值观	想塑造强势品牌，对品牌进行价值创新，还应审视品牌历史及当前现实需求的变化。抓住品牌历史上的核心价值观，结合品牌发展的机会。分析出未来品牌发展的行业趋势（在用户表面描述与心理描述方面、在通路方面、在服务方式方面、在用途扩展方面，等等）

未来那些值钱的企业，必定是品牌价值相对较高的企业。世界上最富有的国家的经济是建立在品牌之上的，同样，最富有的企业也是建立在品牌之上而非单纯地建立在政策之上。

股权合伙：
与合作伙伴共享资本蛋糕

● ● ● ●
资本物语

　　一个好汉三个帮，值钱的公司之所以值钱，核心是有一个厉害的创业团队。在乱世，带领手下攻城略地；在商战的时代，带领公司占领市场。

　　所谓股权合伙，即企业赚的每一分钱，合伙人之间都要按照事先约定好的股权比例进行合理分配。通俗地讲，合伙人就是一起做事的人。而股权合伙，就是在创业过程中，能各自独当一面，从而实现包括资金、研发、渠道、运营等优势，吸引更多资本。参与股权的分配是合伙人的基本权利，正因如此，他们才能背靠背取暖，抱团打天下。

　　之于企业，合伙人不仅是贡献者之一，也是主要参与分配股权的人。曾有人形象地将合伙人之间的关系比喻为"最接近于婚姻关系的绑定"。这是因为合伙人入股之后，企业发展过程中的大小事情，合伙人都要商量着来。尤其是重大事件，甚至需要经过合伙人同意后运作。总之，既然有人愿意与你一起共赴资本圈险恶、一起打天下，那么"分天下"也是必然。

随着"双创"新经济和"互联网+"时代的到来，与传统的股权时代相比，"分天下"在新的股权时代也有了更多的说道，如表3-3所示。

表3-3　新旧股权合伙时代的不同之处对比

对比	分　　析
过去	创始人100%控股是常态，因此不需要股权设计
	股权分配的依据基本是能够出多少钱
	几乎是创始人单干制
	利益上采取上下级分配制
	职业经理人们用"脚"来进行投票
现在	在步入合伙创业时代之后，"互联网明星创业企业"的标配首先是合伙创业
	判断一个投资人是否处于专业投资人阵营的标准，已经成为只出钱不出力或少出力的投资人是否遵守"投大钱，占小股"的规则
	绝对提倡合伙人之间进行利益分享
	更为提倡合伙人之间患难与共

除了上表中总结的不同之处，新旧股权合伙时代还有
一个最大的不同点：在过去，对创业合伙人的奖励似乎总
是一个较为敏感的部分。而现在，因为有了契约，有合理
的股权设计方案，企业就可以在发展的各阶段做好股权比
例分配设计，圆满解决类似问题，确保公司稳定运营。

企业如何治理、利益如何分配、如何搭班子……这些
企业最核心的问题，都与同一件事相关：企业股权架构。

科学设计股权，确保后期分配合理

在当今社会充斥着这样一种逻辑："千万别和最好的
朋友合伙……"如图 3-6 所示。

图 3-6 "合伙人"漫画

但最大的问题是，创业初期，未能融到更多资本之前，除了合伙人以外，还会有人心甘情愿追随你的脚步，与你"私奔"或"裸奔"吗？例如，新东方、腾讯、阿里，等等，都是合伙创业。当然，成为合伙人也需经过必要的磨合，而若要"情投意合"地长期共事，"软"的交情固然重要，"硬"的利益更加不可或缺——打天下时齐心协力，分天下时也要心平气和。

现实中，由于没有科学的股权设计方案，许多企业内部的股权分配都是一笔"糊涂账"，以至于昔日创业伙伴反目，企业受到重创。即使团队日后依旧一条心，但因为股权不明，一旦有外部资本进入，原有团队的股权渐渐被稀释。当风投的股权大于原有团队的股权，非但原有的股权配置问题尚未解决，团队也因此失去了企业的核心控制权。

这并非危言耸听！在资本圈，我们经常能听到关于股权的各种新闻，例如，泡面吧分家，西少爷股权纠纷等，企业在一开始不重视股权设计是导致发展壮大、有更多资本进入后纠纷不断的重要原因。

正确的资本结构自然重要，但未必会创造价值——而错误的资本结构却会带来巨大的价值损害。当涉及利益分配问题时，企业最好科学设计股权，使其越简单越好。

设计合伙人股权比例分配时，可以参考以下因素，如图 3-7 所示。

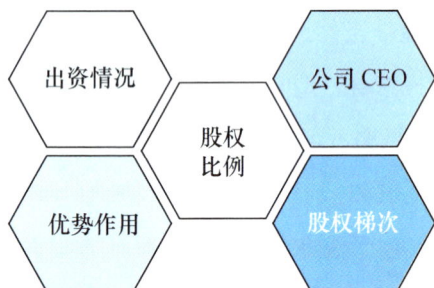

图 3-7　设计股权比例时应考虑到的因素

1. 出资情况

在合伙人都同意按比例出资且各方资源基本相当的情况下，则可以直接按出资比例来对股权进行分配。如只有部分合伙人出资，则应取得比没有出资的合伙人相对多的股权。

2. 公司 CEO

一家公司的 CEO 理应获得相对多的股权。通常，CEO 代表着合伙事业的灵魂，为公司承担着更多的责任。同时，也只有 CEO 持有相对多数的股权，才更有利于对创业项目的决策及执行。

3．优势作用

需要对每位合伙人的优势进行综合评估。比如，一些项目得以启动，并非是因为大笔的资金，而是源于某位合伙人的专利、创意、推广、导入项目所需资源，等等。因此，就具体情况，对相应资源提供者予以相对多的股权。

也需要科学评估每位合伙人在初创的各个阶段所起到的作用。比如，创业过程中的启动、测试、推出等阶段，每个合伙人在其中体现出的作用不尽相同，而股权安排应针对不同阶段每个合伙人所体现出的作用充分考虑在内，以达到积极且充分调动每位合伙人的目的。

4．股权梯次

明显的股权梯次是必不可少的，均等的股权比例最为不可取。以有 3 个合伙人为例，最佳的科学比例结构应为5:3:2。

在根据以上因素将股权分配落实到个人时，下表中总结的 4 个方面的维度可供大家参考，如表 3-4 所示。

表 3-4　分配落实股份至个人时思考的 4 个维度

配置	分 析
发起人身份股	指一起参与初创的合伙人，无论其职务大小或出资多寡一律平均获得一定配额的股权分配
出资股	指包括现金出资或渠道资源等能够被评估的创业早期所必需的资源，而除了创业发起人以外的外部投资不包括在这里
岗位贡献股	指一个岗位能够为公司带来的贡献，其中包括 CEO、COO、CTO、CPO 等，可以根据这些不同的职位以及负责的公司业务导向，确定各自股权比例，最好在均分的原则上进行调整。若是兼职，只能获取岗位全职股权的 20%，待转为全职后其余股权才可分配
创始人身份股	在创业早期，合伙人中必须有一个敢于承担责任的人撑起 CEO 这个岗位，但如果他是小股东，又要承担更大的责任，不仅不够公平，甚至会祸起萧墙。25% 的股权配额对于这样的创始人来说是中位数，若是 3 人以上的团队，该配额应不低于 20%

📁 建立成熟退出机制，切好股权这块蛋糕

企业运营创业过程中，资金有了，项目启动了，但一些合伙人可能由于各种各样的原因选择退出。而如果其已经离开，却仍然持有公司股权，那么当公司完成融资或取得快速发展之后，其行为无异于坐享其成，这对于那些还

在坚守和付出的合伙人而言是极其不公平的——如不提前建立成熟的退出机制，恐怕会对日后的项目进展造成严重影响。

企业样本　"罗辑思维"的散伙

2015 年 5 月 21 日，火爆一时的自媒体"罗辑思维"宣布解散。

作为曾经红极一时，风头一时无两的自媒体之一，发展到如今此种地步确实令人惊叹不已。

曾担任央视主持人的罗振宇，当时是被大股东拉出来一起创业的。企业经营初期没想到会运作得这么好。

"罗辑思维"的视频在优酷平台上的总播放量已累计达 7050 多万，微信公众号的订阅数也高达 110 多万。其通过两次会员招募，吸收了近 3 万会员且收入了近千万元的会费，"罗辑思维"还曾被人予以 1 亿美元的估值。如此高光的自媒体为何最后会落得解散的下场？

在外界不知情的人看来，"罗辑思维"的主讲人罗振宇必然应是项目中最大的"股东"，但从公开的数据来看，罗振宇只有 17.65% 的股权，而另外一个合伙人的股权则占了82%。而众所周知，"罗辑思维"随着发展项目的核心人物变成了罗振宇，而他只有百分之十几的股份，不得不说这是问题的导火索之一。

上述案例不仅真实地反映了企业合伙人之间最初的股权设计一旦本末倒置所带来的必然隐患，还重点凸显了其中的退出机制不明确。

在创业过程中，不可避免的合伙人之间最初的预想与阶段性的结果会存在较大差异，若是具备完善的退出机制，不需要散伙，就可以通过对股权结构进行调整的方式，或是引入风险投资以稀释大股东股份的方式来化解看似不可调和的危机，这才是健康的、正常的合作状态。

与合伙人商定股权分配比例时，应开诚布公，有一说一，将创业可能遇到的困难摆在桌面上，这样才能吸引真心创业的合伙人与公司长期绑定，共渡难关。合伙人充分认识项目，看好企业发展前景，除了投入启动资金，更重要的是投入了时间、精力、资源，在创业头几年为企业服务，这就是合伙人获得股权的资格。因此，相应的退出机制非常必要。

合理的退出机制离不开事前的有效沟通——合伙人之间的约定，以及以下 2 个关键问题。

1. 中途退出的问题——先离开的人应不应该带走股份

现实中，我们常看到创业团队有成员中途退出，却不退股，为了规避这类风险，企业最初的协议中应约定离职不退股将支付高额的违约金。如果一定要退股，则要收回其股份。

2. 退出价格的问题——离开后应以什么样的价格回购

可以按照合伙人掏钱买股权的购买价格的一定溢价回购，或退出合伙人按照其持股比例可参与分配公司净资产或净利润的一定溢价，也可以按照公司最近一轮融资估值的一定折扣价回购。

有了完善的退出机制，就没必要颐指气使地指着合伙人说："公司 100% 是我的，股权 100% 是我的。你的股权，还不是我分给你的。"

——嘿！你是不是入戏太深啦。

你是否想过，曾几何时，你的合伙人，完全可以花点小钱，注册一家同样的公司，翻身成为主人，给你分点股权好不好？

总之，既然当初选择了一起打天下，分天下时也要好聚好散。

股权众筹：
拿什么筹钱、筹人、筹智

●●●●●
资本物语

借着"双创经济"的东风，中国市场掀起了大众创业、万众创新的浪潮。作为一种新型的互联网金融融资模式，股权众筹无疑为企业提供了新的融资渠道，对企业今后的发展、吸引资本增添了新的引擎和动力。

在中国资本市场，近几年随着余额宝、P2P 兴起，众筹也已经进入到"跑马圈地"的狂热时代。通过众筹，企业可以筹人、筹资、筹智、筹渠道、筹未来，而在这个过程，还可以通过吸引资本，和更有实力的人一起玩创业、玩资源、玩跨界、玩创意、玩资本。

从专业的角度而言，众筹是互联网金融的一个分支，而股权众筹是众筹模式的一种，也是当下最火爆的众筹方式之一。

据公开数据[1]统计：

2014 年股权众筹行业成功项目 261 个，筹资总额 5.8 亿元。截至 2015 年 6 月 15 日，全国已有众筹平台 190 家，剔除已下线、转型及尚未正式上线的平台，共计 165 家。在"大众创业、万众创新"的浪潮下，众筹为中小微企业尤其是初创型企业的融资难提供了破解途径，也为普通民众增加了更多元化的增值渠道。

随着中国经济进入新常态，创新驱动成为了企业可持续发展的根本动力，也是我国逐渐实现供给侧改革的重要举措。与此同时，中国企业规模不断增加，每天都有大量有创意、有价值的企业 / 项目出现。但由于我国传统金融体制的限制，许多企业（尤其是中小微企业）面临着融资之痛，民间借贷的利息之高更是无形中加重了企业负担。资金瓶颈不仅扼杀了企业创新、吸引资本的活力，也制约着我国经济前进的脚步。

在这样的背景下，随着我国互联网金融深入发展，股权众筹的出现让如同身陷囹圄之痛的企业看见了光明。这是因为股权众筹给企业带来的优势相对明显：

---

[1] 数据来源：由零壹财经发布的《中国众筹行业 2015 年度简报》。零壹财经是专注于互联网金融的研究和服务平台，业务包括互联网金融研究、资产金融研究、互联网金融数据挖掘与分析、垂直媒体、咨询培训及其他延伸业务。

- 交易便捷；

- 投资灵活；

- 引入新资源；

- 融资成本低；

- 拓宽融资渠道；

- 投资风险相对低；

- 释放资本参与热情……

企业样本 1　"国民奶爸"在"东家"上的完美股权众筹

在这个"无娱乐，不营销"的时代，股权众筹让普通人参与有了更多的可能性。贾乃亮这位大咖级创始人，在常人眼里也许只是个一线男星、"国民奶爸"，但他还是一位独居慧眼的"生意人"。于 2015 年 8 月，与张力等众股东联合创立了中国首个娱乐综合交易平台——推特文化。

而在 2016 年 5 月，在不到 2 分钟的短暂时间里，推特文化的项目就在京东私募股权融资平台"东家"完成 1000 万元融资目标，刷新了该平台的股权众筹纪录。

本次股权众筹的领投方为是成资本[1]，领投 500 万元，

---

[1] 是成资本：Success Creat Capital，成立于 2015 年年初，由维西资本合伙人杨成及国内著名机构同伴共同发起成立，基金专注于新三板企业股权投资。

与此同时，是成资本也是推特文化所属星推网络的领投方，领投金额为 800 万元。

据了解，目前京东东家平台已帮助接近 100 家创新企业成功吸引资本。而京东产品众筹、私募股权融资、众创生态圈已经在业内形成了其独有的三位一体式格局，并且通过生态圈内的资源对接，还可以大大提高早期创业公司达到成功的可能性。

可见，股权众筹是让"大众创业、万众创新"更好落地的一个重要出路。其作为一种新颖的互联网融资模式，正在迎来快速成长期。

🗁 天下没有免费午餐——股权众筹可以成就企业，也可能毁灭企业

在传统的股权投资融资体系中，普遍存在信息不对称等一些问题，导致许多非明星项目或创业者缺乏广泛认知度、知名度的项目极难获得股权融资。股权众筹作为一个"新人"，在股权投资领域尚需要解决行业内的痛点，才能完全体现自身的价值并获得长足发展，如表 3-5 所示。

表3-5　戳中股权众筹的"痛点"

痛点	选择分析
投资人回报	股权众筹平台仅为帮助投资人完成投资是远远不够的，要知道投资人的诉求并非只是完成投资，而帮助投资人挣钱最能突显股权众筹平台的价值
众筹对象	股权众筹的形式做到了把天使投资公众化，为实现"大众创业、万众创新"提供保障。但是，这样一来就会面对一个难以解开的问题，那就是如何把一个专业度要求极高的高风险事业转变成为一个大众皆可参与的低门槛的公众事业
退出机制	股权众筹在帮助投资人挣钱的基础上要有个前提，即投资人要有完善的退出机制，只有能够成功退出，投资人的投资才能真正转化为实际收益
风险定价	股权众筹作为一个新的金融业态，尚未形成一套较为成熟的风险定价机制，还无法对创业者的信用进行精准评估
筹人、筹智、筹资源	虽然帮助创业者实现筹人、筹智、筹资源是一个很大的难题，但这确实是股权众筹的功能之一

天下没有免费的午餐，在你满怀希冀、迫不及待奔向众筹平台之前，需要让自己清醒地认识众筹——并不代表一定能够"逆袭"成功。若是没有做好万全的准备，你很可能会败兴而归，甚至还将面临一系列的"众筹后

遗症"。

众筹既可以成就你，也可能彻底毁灭你。尽管股权众筹发展得如火如荼，但依然处于"摸着石头过河"的阶段，该行业要深入思考的还有很多。

思考 1. 你的目的是什么——真的是想筹钱？

企业样本 2　**Oculus Rift 虚拟现实头盔成也众筹，败也众筹**

2015 年 Oculus Rift[1] 在 Kickstarter[2] 平台上成功众筹 250 万美元。2016 年年初，Facebook[3] 斥资 20 亿美元买下了这家企业。

Oculus Rift 的创始人 Palmer Luckey 说明了原因："其实我们在 Kickstarter 项目上亏钱了。"究其原因，是因为低估了开发成本和制作成本。

这绝非个例!

为了吸引更多用户的关注，使自己的项目得到更多支

---

[1] Oculus Rift：一款为电子游戏设计的头戴式显示器。

[2] Kickstarter：于 2009 年 4 月在美国纽约成立，是一个专为具有创意方案的企业筹资的众筹网站平台。

[3] Facebook：美国的一个社交网络服务网站，于 2004 年 2 月 4 日上线。主要创始人为美国人马克·扎克伯格。

持，很多众筹发起人都会就此设置丰厚的回报。例如，计划销售100元的产品，而众筹阶段只需要80元就可以入手。在这种普遍存在的情况下，支持者越多就导致发起人亏得越多。而在众筹成功之后，这些资金也不会即刻就握在发起人手里。很多众筹平台为了防止项目跳票，都会截留大部分款项，一直到实物回报进行交付之后才会全部交给发起人。

众筹的特别之处在于其还具备营销以及品牌宣传的功能，当然这也正是现在大多数创业者对众筹蜂拥而至且不惜投入大量资源的原因所在。在众筹中如果你的产品足够酷炫、支持者足够多，能够引起媒体和公众热切的关注和讨论，不仅对产品后续的销售大有裨益，甚至还可能会像Oculus Rift那样被大投资人看上。

因此，如果你真的缺钱，众筹未必真能帮得上忙，但如果你想要赢得更多的用户支持、营销范围、品牌宣传，众筹倒不失为一种有效的方式。

思考2. 你的目标是谁——谁来帮你众筹？

通常来讲，众筹只能够锦上添花，而不会雪中送炭。如果你想在这个领域试试水，看看能否一夜成名，首先该考虑选择哪个众筹平台，如表3-6所示。

表3-6　选择一家适合自己的众筹平台

众筹	选择分析
点名时间	曾作为国内众筹领域标杆的"点名时间"，已撕去了自身的众筹标签，定义为"智能新品限时预购网站"。众筹和预售表面看来有很大区别，但在现在中国的众筹领域这两个词基本已经混为一体了。如果你是硬件创业者，产品足够成熟又满足可以量产，可以去点名时间试一试
众筹网	网信金融集团旗下的众筹网在包括公益服务、文化创意、娱乐演艺类等领域项目居多，并且文艺气息偏浓厚。众筹网于2013年2月正式上线，目前，众筹网已包括4000多个项目，但由于单个项目的筹资额并不算高，因此更适合小众产品
京东众筹	京东众筹目前的融资额已跃居行业第一，其中明星项目"三个爸爸空气净化器"更是创造出了融资1122万元的众筹纪录。京东众筹涉猎较为广泛，科技、创意、文娱等领域无不涉足，并且依托电商自身强大的流量导入以及京东金融不遗余力地投入做宣传，其疯狂增长的势头还在继续。不过，由于众多项目间的竞争异常激烈，小项目的生存空间是否明朗还有待观察
其他综合性平台	淘宝众筹、路演吧、追梦网等综合性众筹平台；乐童音乐、魔点网（游戏）等垂直领域众筹平台都是不错的选择。另外，如果创始人的名气足够大，也可以通过自行采取微博、微信、视频网站等渠道进行众筹，"罗辑思维"

思考 3. 你有什么项目 / 创意——拿什么去众筹？

企业样本 3 三个爸爸空气净化器[1]的惊人众筹结果

三个爸爸空气净化器，在京东众筹的同时还同步发动了诸多微博大 V 和微信名人进行转发，线下的多个渠道亦配合宣传，并且项目创始人戴赛鹰的视频访谈也被上传到网络。在雾霾等环境污染问题引发全社会担忧的背景下，三个爸爸最终成功筹资 1122 万元的结果并不令人意外。

如果想要复制这样的成功案例，你需要：

● 讲一个好故事，引发资本的情感共鸣；

● 运用图文、视频等媒体形式，360°展示你的产品和团队，让资本对你产生信任；

● 综合运用微博、微信等渠道传播，侧重传播故事、价值观，而非沦为集市吆喝。

当然，上述列举这些都只是参考手段，最终众筹能

---

[1] 三个爸爸空气净化器：该项目由戴赛鹰、陈海滨、宋亚南三个爸爸发起，后联合创始人李洪毅又带领其他两个工程师爸爸加入团队，高榕资本合伙人张震、分众传媒创始人江南春和微播易 CEO 徐扬三位企业家爸爸也对项目的顺利推进提供了莫大的支持和帮助。

不能成功，还要看你的产品 / 创意是否靠谱、合不合资本家们的胃口。

思考 4. 你了解 TA 多少——你了解支持你的人 / 你的盟友吗？

众筹的残酷之处在于，当你发起一个众筹项目的同时，也意味着你被社会舆论绑架了，此时的你最好同时准备 Plan B 计划——如果众筹项目出了问题该怎么办？机会往往只有一次，生与死很可能就在一瞬之间。

另外，千万不要把众筹当作一锤子买卖！

必须深入了解你的"盟友"，最大化利用他们的资源。随着众筹的营销化日益加深，众多成熟企业都不惜发动大量资源到处争池掠地。为了提高自己的胜算，一定要极力争取到众筹平台的支持和资源。

总之，虽然目前股权众筹势头高涨，甚至政府也多次发布惠及该行业的相关政策，大力鼓励扶持行业发展，但事实上，整个行业仍然处于摸索阶段，在整个看似狂欢的局面之下仍有诸多核心问题需要认真思考并解决。

股权激励：
为企业增值添加核心动力

● ● ● ● ●
资本物语

中国"人才市值"时代已经到来！

对企业而言，"人才市值"时代意味着核心人才越来越值钱。

在这样的时代大背景下，不管是企业本身意愿如何，股权激励都是无法绕开的话题，更是值钱企业的必修课、标准配置。否则恐怕就会出现"制度劣势""落后挨打"的局面。

股权激励是指企业为了激励和留住核心人才，而推行的一种长期激励机制。

这种激励措施起源于 20 世纪五六十年代的美国。当时，美国许多家族企业出现了问题，如福特一世，创办了福特汽车，尽管做得很好，但在福特一世去世之后，将企业传给了福特二世。

但是，没人能保证福特二世有福特一世一样的才能和领导力。如此一来，辛苦经营起来的福特汽车就很有可能在福特二世的手上走向衰落。就在此时出现了一批称之为"蓝血十杰"的人，这些人都是退役军人，进入到了福特汽车并成为职业经理人，同时确保了福特汽车公司的稳健发展。

就这样，福特家族为了激励这十个人，将福特汽车的一部分股权分给这些为企业发展做出贡献的人。

直到今天，美国的企业依旧十分推崇"股权激励"，大概每7000家上市公司中有90%以上的企业都做了股权激励，而美国的高科技企业基本100%都有股权激励制度。

而中国做股权激励的上市企业并不多。但从未来的发展趋势来看，随着人力资本越来越重要，做股权激励的企业比例会逐渐提高。

📁 "人才市值"时代到来，没有股权激励的企业难以吸引核心人才

今天，中国"人才市值"时代已经到来。如果企业不提供股权激励，基本是难以吸引到核心人才的。

举个简单的例子，在"创业板十大高管市值排行榜（这

些高管通常不是企业创始人，只是公司管理者)"中，排名第 10 名的高管，身价就高达几个亿，排名最高的高管身价甚至在十几亿。企业一旦上市，高管的人力资本也随之转化为相应的市值，身价自然可以上亿。

就算一家企业再有钱，但为高管发动辄几个亿的工资是几乎不可能的，而企业市值达到几个亿却可以实现。

如何平衡企业市值与管理者的辛勤付出，如何吸引、留住核心人才？

如果一家企业希望招到核心人才，又不给股权，是基本不可能留住人的。

创业板的造富运动不仅影响社会经济，也影响人才的去留。如今，上市赛跑、造富运动在令更多欲自我增值的企业按捺不住，跃跃欲试。因此，对企业来说，上市意味着增值，而人才市值时代的到来，同样意味着核心人才越来越值钱。越是有价值的企业，就越是要用股权激励的方式留住人才。

企业样本 1　腾讯股权激励计划成就亿万富翁

作为影响中国一代人上网习惯的腾讯，可以说是中国互联网界的巨头。熬过创业初期的艰难，马化腾和他的QQ 拿到风投，并于 2004 年 6 月登陆香港联交所，当时的发行价是 3.7 港元，上市后腾讯股价的走势一直保持上涨态势，2006 年 6 月最高到 18 港元左右，早年没买企鹅的人肯定非常后悔。而两年赚 4 倍就卖掉股票的投资者后来也后悔了。2008 年 6 月腾讯股价升至 70 港元，两年又涨到大约 4 倍。微信 5.0 发布后，腾讯公司股价再次迎来利好。

腾讯股价站上 370 港元后，其员工在微博上发了条段子："前天听到一个真实传奇：腾讯有个老员工，每月收入除必要开销外全部买公司股票，不管涨跌，坚持了 7 年，生活俭朴，只有夏利车一辆，全家租房，工资一直很低，目前资产过亿。"

虽然这个段子经不起推敲，但腾讯通过上市增值、发放股权的确成就了大量亿万富翁，腾讯员工透露，2005 年以前加入腾讯的员工基本都有期权，他们中的很多人如今身家也都在千万级别，比如目前活跃在投资界的曾李青、陈一丹等。

企业样本 2　苏宁扩大股权激励规模，成功缔造千万级富翁

苏宁企业文化中最重要的理念是——"人力资本是比货币资本更重要的资本"，留住最重要的资本，用股权福

利来留住人才，让值钱的人才留在值钱的企业。

继 360、百度、腾讯、当当、阿里之后，苏宁云商[1]也加快了员工持股的步伐。

2008 年 8 月苏宁云商的前身苏宁电器曾向 248 位工龄达到或超过 5 年的员工推出首期股票期权激励计划，授予激励对象 8469 万份股票期权，占激励计划公告日公司股本总额的 1.21%。这是苏宁第一次成功的大手笔的股权激励。

2014 年，苏宁再次启动股权激励，这次的规模更大，受惠员工更为广泛。这次完成员工持股计划的股票均价 8.63 元 / 股。此次员工持股最大的亮点是打破了以往入司年限和方式的限制，面向所有中高层员工，包括 IT 研发人员、互联网运营人员和一线店长；既有新入司的空降高管，也有老员工，本次持股员工共计 1200 人左右。

此次持股计划实际资金总额为 52760.15 万元，包含自筹资金、借款及银行利息，参与持股计划的员工不超过 1200 人，借款与自筹资金比例为 3:1，苏宁董事长张近东

---

[1] 苏宁云商：即苏宁云商集团股份有限公司（SUNING COMMERCE GROUP CO., LTD.）原为苏宁电器股份有限公司（SUNING APPLIANCE CO., LTD.），2013 年 2 月 19 日，公告称由于企业经营形态的变化而拟将更名。

需要先垫资 3.957 亿元。

有分析称，苏宁云商此番做出表率，除了提振投资者对公司未来的信心，也与政策遥相呼应——证监会2014年6月发布《关于上市公司实施员工持股计划试点的指导意见》，要求在上市公司中开展员工持股计划试点。中国证监会新闻发言人张晓军表态，在上市公司中推进员工持股计划试点，有利于建立和完善劳动者与所有者的利益共享机制，改善公司治理水平，提高职工凝聚力和公司竞争力。

经过大规模股权激励后，苏宁员工信心提振，自2014年三季度以来，苏宁云商业绩逐季向好，2014年实现净利8.67 亿，同比增长 133.19%。

积极开展股权激励计划的企业还有很多，如图 3-8 所示。

图 3-8　积极推行股权激励计划的互联网领军企业概览

企业样本 3　苹果公司通过股权激励成就亿万富翁

众所周知，苹果公司一直有"世界上最值钱的公司"美誉。近几年的表现有目共睹。其市值超过 6000 亿美元，净利润比 IBM、惠普、诺基亚、摩托罗拉四家公司净利润的总额还多。

提到苹果，我们可能更熟悉"苹果教父"乔布斯、新掌门人库克。然而，苹果的奇迹并不是乔布斯一个人或几个人创造的。

在全球范围内，苹果有 6 万名员工，这些人可不是每天喊着"乔帮主"的创新口号以其为使命的，他们也是要回归现实，居家过日子、养家糊口的。

苹果自 1976 年创办，1980 年上市以来，其所有的技术骨干都通过股权激励成了亿万富翁，从此过上衣食无忧的日子。这也使得这些核心人才有时间和心思专心从事创造性工作，成为更纯粹的、有创新精神的人。

可见，苹果的持续创新能力，背后蕴藏的则是一套长效开放循环的股权激励机制。

或许，没有乔布斯就没有今天市值最高的苹果；但没有股权激励，也就没有持续创新的核心人才。

企业样本 4 上万名员工因阿里巴巴上市坐拥千万身家

阿里巴巴上市 [1] 花了 3 个月时间，在其所有 2 万名员

---

[1] 阿里巴巴上市：阿里巴巴于美国当地时间 2015 年 9 月 19 日在纽交所正式进行 IPO。股票交易代码为"BABA"。

工中，有 1 万多名员工是企业股东。随着阿里巴巴上市后，这些股东们都在一夜之间坐拥千万以上的身家。

试想，马云可能给所有员工发这么多的钱吗？当然不可能！

这些员工的千万身家都是"市值"，这就是马云所做的股权激励的成功之处。

马云个人只占阿里巴巴 6% 左右的股份，但其身家已经高达 2000 亿元人民币。

不管是马云的阿里巴巴，任正非的华为，实际上他们都是创造了一套成熟的股权激励机制——实现了核心人才持股，目的是将其长期留在企业，共同为企业的未来而持续奋斗。

俗话说，铁打的营盘流水的兵。但一家企业人员若是更迭频繁，必然会降低投资人的信心，而一支优秀而稳定的管理团队是基业长青的基础，在 IPO 估值的时候也占有极大的权重。

除此之外，股权激励的积极作用还在于如表 3-7 所示。

表 3-7　股权激励的积极作用

作　用	分　　析
聚财聚人	能够产生聚财聚人的积极效用，使核心员工死心塌地地跟着公司一起干，提升企业的凝聚力和战斗力

（续表）

作用	分　析
提升责任感	从雇员成为股东，从打工者成为合伙人，身份的改变提升了核心员工的责任感，与企业一损俱损一荣俱荣，工作自然更加卖力了
吸引优秀人才	股权激励可以吸引行业优秀人才，对于员工来说，其身价不仅取决于固定工资的高低，更取决于其所拥有的股权或期权的数量和价值
身份的象征	拥有股权或期权也是一种身份的象征，是满足员工自我实现需求的重要筹码。所以，吸引和保留高层次人才，股权激励不可或缺
长效激励工具	作为一种长效激励工具，股权激励是工资、提成和奖金等短期激励工具所无法比拟的。因此，股权激励才受到越来越多上市公司与上市公司的追捧

当然，不是所有的企业都能恰到好处地运用股权激励计划，尤其是一些传统行业且家族控制背景较为浓重的上市企业。

通俗地讲，股权激励就是散财聚拢人心，而不是空谈愿景和未来，凭着一腔热情和一时冲动散财，而是有目的有计划的行为。上市前实施股权激励的股票来源包括：

- 向企业元老增发股份；
- 大股东转让（转让包括直接或间接层面）；
- 部分股东或全体股东按比例转让（转让包括直接或间接层面）。

目前国内上市公司采用股权激励的时间通常可以分为：

- 上市前完成股权激励（包括创业早初期和临近上市前的股权激励）；

- 上市前对部分中高层进行部分股权激励，上市后根据上市公司股权激励办法继续对其他员工实施股权激励；

- 上市前不进行股权激励，全部放在上市后实施股权激励；

- 无论是上市前还是上市后都不进行股权激励。

股权激励是件大好事，但却容易好事办成坏事。企业在进行股权激励时应遵循以下基本原则。

原则 1. "以奋斗者为本"

以奋斗者为本——这是华为企业的基本价值理念。

对于处于发展期的企业而言，不管怎样分配股份，都是在投入的阶段，还没到抛下所有享受一切的时候。成为企业的股东之一意味着要更加努力地奋斗、投入、承担更大的责任和风险——这些基本价值理念一定要第一时间与激励对象沟通。

原则 2. 确保控制权稳定性

企业家在设立股东结构和股权结构时，需要慎重考虑。

例如，马云在产业和战略方面堪称大师，但在早期对于资本市场则是空白，直到找到了蔡崇信，阿里随之有了飞跃性的发展。

因此，企业在搭建股东结构时，企业家首先要自我评估。倘若自己没有这个能力，那就找到有能力的人来承担相应责任。否则就带领自己的追随者向前冲就好。前提是，确保企业控制权的稳定性。一旦控制权摇摆不定，即使分割了股权将来也可能会出更多事。

原则 3. 确定基本激励水平

对于人才来说，你付出双倍的工资，他可以为你创造更多倍的价值。这对于企业、人才都是共赢的。所以，你的股权激励方案要有竞争性。如果方案做得好，就相当于在业内树起了一面旗帜，行业内的顶尖人才就会循声而来。

原则 4. 确保激励的公平性

股权激励，"不患寡而患不公"。将股权分配落实到个人上，每个人究竟分多少股权同样是一个需要慎重考虑的大问题。否则，分配不好反倒把人才吓跑了。尤其在企业各个部门都会进行比较。凭什么 A 比 B 多了一点股权？如果没有合理原因，员工和企业、员工和员工之间迟早会出现矛盾，造成人才流失。

原则 5. 结果导向设定指标

股权激励要以结果为导向，不是简单的福利计划。在激励的同时也要给员工设定适当的业绩考核指标。通过打通"战略→股权激励→业绩考核"整个链条，以股权激励计划带动企业战略落地、员工行动落地，从而实现企业价值的最大化。

在成为值钱企业的道路上，虽然短时期内企业或许没有足够的能力分给几千万薪酬奖励，但可以通过股权激励，在帮助员工致富的同时，让企业的未来因那些持续为你效力的核心人才而变得大不同、更值钱！

私募股权：
发现潜入深海的金融大鳄

●　●　●　●
资本物语

私募股权起源于美国，最初是为富有家族管理财务而设立的公司。经过 50 多年的发展，私募早已不只是有钱人的游戏，而是渐渐成了仅次于银行贷款和 IPO 的重要融资手段。如今，全球已有数千家私募股权投资公司，如黑石、KKR、凯雷、贝恩、阿波罗、德州太平洋、高盛、美林等机构是其中的佼佼者。私募股权基金进入中国以后，为中国企业，尤其是为新兴科技企业的发展解决了最重要的融资难题。

私募股权（Private Equity），简称 PE。顾名思义，私募与公募相对，是通过非公开方式面向少数机构投资者或个人募集，它的销售和赎回都是基金管理人通过私下与投资者协商进行的。另外，在投资方式上也是以私募形式进行，绝少涉及公开市场的操作，一般无须披露交易细节。

私募股权投资资金来源广泛，主要包括：

- 个人；
- 风险基金；
- 杠杆并购基金；
- 战略投资者；

● 养老基金；

● 保险公司……

私募股权基金多采用权益投资方式，投资者通常会参与企业的管理，一些著名的私募股权投资基金有着丰富的行业经验与资源，可以为企业提供有效的策略、融资、上市和人才方面的咨询和支持。

当然，投资是高风险高回报的活动，私募股权投资也不例外。与其他金融服务一样，风险控制是私募股权投资的重要内容。主要的风控手段包括合同约束机制；分段投资；股份调整条款；复合式证券工具，等等。

根据企业发展阶段分，私募股权投资主要可分为创业风险投资、成长资本、并购资本、夹层投资、Pre-IPO 投资以及上市后私募投资，如表 3-8 所示。

表 3-8   私募股权的基本分类

分类	分　　析
创业风险投资	创业风险投资为创业者提供资金支持和资本运营及企业经营方面的咨询服务，使企业从研发阶段充分发展并得以壮大。创业风险投资具有很大的风险
成长资本	成长资本是中国私募股权投资中比例最大的部分。成长期投资的对象主要是那些过了初创期的企业，这些企业的商业模式已经得到证实且有良好的成长潜力，具有可控的风险和可观的回报

（续表）

分类	分　析
并购资本	并购资本相当大比例投资于相对成熟的企业，帮助新股东融资以收购某企业、帮助企业融资以扩大规模或者是帮助企业进行资本重组以改善其营运的灵活性
夹层投资	夹层投资是一种兼有债权投资和股权投资双重性质的投资方式，夹层投资的风险和收益低于股权投资，高于优先债权。在公司的财务报表上，夹层投资也处于底层的股权资本和上层的优先债（高级债）之间，因而称为"夹层"。夹层投资会选择企业在两轮融资之间，或上市前的最后冲刺阶段投资，然后在企业进入新的发展期后退出
Pre-IPO投资	Pre-IPO投资主要投资于企业上市前阶段，预期企业上市的企业规模与盈利已达到可上市水平的企业，其退出方式一般为上市后从公开资本市场上出售股票
上市后私募投资	PIPE（Private Investmentin Public Equity），投资于已上市公司股份的私募股权投资，PIPE比较适合那些快速成长为中型企业的上市公司

私募机构大合伙人们的经验与资源决定了一家PE的投资方向与投资策略。无论选择上表中的哪一种类别，在选择合作者的时候，看好对方的背景尤为重要，如表1-9所示。

表 3-9　私募股权机构的常见背景

背景	分　　　析
金融背景	通常都是银行、券商等金融机构出身，是行业里的老将，对资本市场非常了解，善于使用金融工具，同时在企业和金融圈社交圈很广。一般这样的公司，投资偏好往往以纯财务投资为主，投资的目的就是为了退出，没有行业限制
产业背景	通常是在某个产业中的精英，优势在于人际关系处理能力很强，有声誉，有经验。对于新兴的公司与商业模式，很快就能作出判断。这类公司投资风格会偏稳健，只投自己熟悉的产业
富二代背景	现实中，情况要更加复杂些，多为复合型的背景，如果同时拥有一三、二三或一二三项的背景

新经济时代下的新思路：私募股权助力企业发展

中国经济增长、企业发展，都需要通过吸引更多资本加大投入，不管是外资 PE 还是本土 PE，都为我国企业发展，提供了新的融资渠道和来源，注入了新的活力，有利于企业和未来经济的发展。

此外，私募股权还对企业创业及上市有着积极的作用，具体表现如表 3-10 所示。

表 3-10　　私募股权对企业的好处（具体表现）

好处	分　析
降低交易费用提高投资效率	相对于直接投资，投资者利用私募股权投资方式能够获得交易成本分担机制带来的收益，提高投资效率，这是私募股权投资存在的根本原因
解决信息不对称道德风险问题	私募股权投资基金的管理人一般由产业界和金融界的精英组成，对投资项目前期的调研和投资项目后期的管理具有较强的信息搜寻、处理、加工和分析能力。私募股权投资基金最常见的组织形式是有限合伙公司，与普通公司的股东相比，私募股权的股东既是旁观者，又是利益共同体。前者的身份可以帮助其更准确地知道企业的优势和潜在的问题，向企业提供管理支持和顾问服务；后者身份则可以最大限度地帮助企业实现增值并分享收益
发挥风险管理优势提供价值增值	私募股权投资基金一般采取集合投资方式，它可以通过对不同阶段的项目、不同产业项目的投资来分散风险

企业样本 1　会卖萌也能"圈"钱的"三只松鼠"

中国的电商企业多如牛毛，O2O 平台到处都是，有的借助私募资本东风发展起来，更多的则是苦苦支撑。

2012 年 6 月，三只松鼠正式上线，如图 3-9 所示。当时三只松鼠获得 IDG 资本 150 万美元 A 轮融资，上线 65 天后就在天猫商城同类销售中排到了第一。

2013 年 7 月获得 B 轮 600 万美元，领投方为今日资本，IDG 跟投。

2014 年，三只松鼠完成 C 轮融资，今日资本和 IDG 资本共投资 1.2 亿元，2014 年全年销售额超过 10 亿元。

2015 年 9 月 16 日，三只松鼠获得总金额达 3 亿元人民币的第四轮融资，投资方为峰瑞基金，至此三只松鼠估值达 40 亿元，成为互联网上估值最高的电商品牌。

图 3-9　三只松鼠形象官方示意图

中国的零食电商多如过江之鲫，为什么三只松鼠能够得到消费者追捧？

除了至关重要的"萌式营销"法则（在三只松鼠的所有员工必须以"鼠"为开头，章燎原自称为"鼠老爹"），更得益于几轮私募股权的投入支持，否则今日也许没有三只松鼠。有业内人士分析，如果没有私募股权持续投入，三只松鼠不可能在不到 5 年的时间就获得如此惊人的成长。

在新经济时代，放眼未来 10 年，不难预见中国资本市场将迎来大发展时期，而作为连接资本市场与实体经济最直接最有效的工具和通道，私募股权基金也势必迎来更为广阔的发展空间，助力企业发展。

投资准上市企业是获利最高但风险也最大的私募业务，找到合适的、值钱的企业，是私募的终极目标。其中，成长性高的企业是私募的"最爱"。

仅以大陆科技企业上市私募获利为例：

- 人人网纽交所上市，软银首日获利 6 倍；
- 维尔利深交所上市，中国风投账面回报率 25.96 倍；
- 当当网上市，老虎基金 6 年获利超过 30 倍；
- 奇虎上市，红杉 5 年获利 72 倍。

当然，"危"与"机"就像硬币的两面，凡事有利好就可能存在风险。

目前，我国私募股权市场仍处于初期起步阶段，加之近年来中国实体经济下行压力沉重，投资进入寒冬期。如何控制风险就成了企业应该慎重考虑的问题。

🗁 与潜在水中金融大鳄的较量：及时控制风险，别去惹"门口的野蛮人"

私募是潜在水里的真正的金融大鳄，雄厚资本不输于任何一家公募基金和银行。但也有很多企业并不相信私募，《门口野蛮人》[1]中，KKR 集团[2]因不择手段的收购方式让私募股权很长时间被人视为惹不起的"野蛮人"。

中国民企更是吃了很多苦头。

企业样本 2 **被卖身却不得不帮巨头数钱的南孚电池**

南孚电池[3]1999 年就坐上国内行业第一把交椅。公司为了上市，引入私募股权。从 1999 年开始的 4 年里，鼎辉、摩根坦利逐步投资 4200 万美元入股 79%。可是由于南孚公司未能依照对赌协议按时实现上市，投资方以 1 亿美元

---

[1] 《门口野蛮人》(*Barbarians At The Gate*)：有关私募股权并购的经典之作。

[2] KKR 集团：Kohlberg Kravis Roberts & Co. L.P.，简称 KKR，中译为"科尔伯格—克拉维斯"，是老牌的杠杆收购天王，金融史上最成功的产业投资机构之一。

[3] 南孚电池：福建南平南孚电池有限公司系世界五大碱性电池生产商之一，国家高新技术企业，中国电池行业龙头企业。

的价格将所持股份转让给南孚的最大的对手——美国吉列电池公司。私募巨头们赚取 5800 万美元，可是南孚公司却被卖身，成为跨国公司的子公司。

大型企业被私募收购之后，资产在剥离的过程中难免大量裁员，最后高价转让赚取差价。

企业样本 3 损失惨重的安然与血本无归的投资人

美国安然公司曾是一家巨型企业，公司因扩张导致资金链断裂，做假账融资，最后支撑不下去不得不破产，引起美股剧烈动荡。如今，"安然"已经成为公司欺诈以及堕落的代名词。

安然的破产更深层次的原因是急功近利、贪婪冒险的赌场文化。安然的核心文化是盈利。在安然，经营者追求的目标就是"高获利、高股价、高成长"。安然的公司精神是冒险。安然鼓励不惜一切代价追求利润的冒险精神，用高盈利换取高报酬、高奖金、高回扣、高期权。

安然的核心业务是能源及其相关产品的买卖，安然的"能源交易"构建在信用的基础上，也就是说能源供应者及消费者以安然为媒介建立合约，承诺在几个月或几年之后履行合约义务。在这种交易中，安然作为"中间人"可以很短时间内提升业绩。大多数安然的业务是基于"未来市场"的合同，虽然签订的合同收入将计入公司财务报表，但在合同履行之前并不能给安然带来任何现金。合同签订得越多，账面数字和实际现金收入之间的差距就越大。为了保住其"世界领先公司"地位，安然不断扩张，如日中天，是股票市场的大热。

在一片热捧声中，也有冷静的投资人。曾有人公开对安然的盈利模式表示了怀疑，指出安然的业务看起来很辉煌，但实际上赚不到什么钱，也没有人能够说清安然是怎么赚钱的。

后来，安然的投资回报率一路下滑，直至正式向法院申请破产保护，破产清单中所列资产高达 498 亿美元，成为美国历史上最大的破产企业。

在安然破产事件中，损失最惨重的无疑是那些血本无归的投资人。在此事件中受到影响的还有大金融财团。就连摩根和花旗集团这样的大鳄也未能幸免。

如此看来，私募到底是天使还是地狱恶魔？

造成大众对私募印象不佳的主要原因是私募工作的私密性。一方面私募给企业资金和辅导，另一方面对企业提出苛刻的要求，因此。对企业而言，私募股权融资也是有一定风险的（风险是相对的，表 3-11 为可能存在的风险小结）。

表 3-11　私募股权的风险

风险	分　析
控制权损失风险	融资方和投资方签订对赌协议 [对赌协议就是收购方（包括投资方）与出让方（包括融资方）在达成并购（或者融资）协议时，对于未来不确定的情况进行一种约定。] 如果没有达到投资人的要求以及没有按时公开发行上市进入证券市场，企业必须从投资人手中按时回购股权或赔偿股权，即降低当时的股权价格。有的企业赢得对赌协议，获得飞跃式发展，比如蒙牛乳业；有的企业输了，一败涂地，从此消失。私募股权投资企业的最终目标是企业上市，看重的不是企业股权，而是未来现金流。但是如果不能上市，私募不得不根据对赌协议进行企业清算和变卖。所以中小企业在签署对赌协议之前应该聘请专业人员核算利弊
资产流失风险	从宏观上看，私募股权往往在评估中小企业价值时低估企业的价值，从而获得超高的收益。不少企业家不甚了解私募操作的流程和评估方法，私募股权资本家往往擅长谈判辩论，熟悉并购的详细流程和各种评估企业方法，他们不遗余力地捍卫自己的低价观点，业余选手对战职业选手，民营企业家肯定不是对手
资金链断裂风险	私募股权投资一般采取逐步投资的方式，而不是一次性投入所有的资金。考虑到投入资金的安全性，一般 PE 先投入部分资金，然后通过观察企业的发展情况决定是否追加投资。对于企业而言，私募股权融资有两种截然相反的结局，一种是实现融资目标，企业跳跃式发展；二是欲速不达，弄巧成拙，资金链出现问题

即便私募股权存在一定风险，但当企业身处绝境之时，

有时冒险也不失为一种勇敢的尝试。只是，当预知风险后，就要寻找应对之策，及时将风险控制到最低。那么，针对以上风险，企业有哪些应对良策呢？

策略 1. 准确估算盈利水平

合理地预测企业未来的盈利水平，能让企业家胸有成竹地签署对赌协议，同时给管理层激励，发展企业。投资方会把情况想到最坏来对赌，融资方在评估过程中也需要将情况想到最坏，如果没有达到盈利预期，投资方稀释股权，该如何应对。做了最坏的打算，才能把风险控制到最低。

策略 2. 合理评估企业价值

企业为在估值上一定要遵循合理的方式，保护企业的资产。企业在评估自身的时候，除了根据实际情况，选择合适的方法，还要考虑多方面主观的因素，确定合理的价格，防止被廉价出售。

策略 3. 抓住时机优化模式

私募股权融资具有时机和阶段性特征，企业要得到私募的垂青和长期投入，要努力达到私募股权对合格企业考核的标准。融资方需要了解私募股权看重：如管理团队和企业理念，产品的市场容量或发展潜力是否足够大，商业模式或者盈利模式。其中商业模式最为重要。

策略 4. 法律手段规避问题

由于我国私募股权投资市场发展迅猛而又政出多门，多头监管和真空状态并存，私募股权投资的监管和法律问题便成为喧嚣之下的一个重要课题。针对私募存在的风险，企业可以通过相关法律规避相关问题或雷区，如表 3-12所示。

表 3-12　规避问题和雷区时可能会用到的法律法规的分析

有关事项	法律法规分析
不得投资房地产	《创业投资企业管理暂行办法》规定："创业投资企业不得从事房地产业务。""对企业的投资，仅限于未上市企业。其他资金只能存放银行、购买国债或其他固定收益类的证券。"
规避非法集资罪	中国的非法集资罪是刑事案件，非法集资罪有四个要件：未经有关部门依法批准或者借用合法经营的形式吸收资金；通过媒体、推介会、传单、手机短信等途径向社会公开宣传；承诺在一定期限内以货币、实物、股权等方式还本付息或者给付回报；向社会公众即社会不特定对象吸收资金

（续表）

有关事项	法律法规分析
证监会是审核机构	《中华人民共和国证券法》第十条规定："公开发行证券，必须符合法律、行政法规规定的条件，并依法报经国务院证券监督管理机构或者国务院授权的部门核准；未经依法核准，任何单位和个人不得公开发行证券。"

PART4

融资本的钱，增自己的值，别被资本市场的虚虚实实蒙蔽了双眼

当你的价值不足以支撑目标时，先去融资

● ● ● ● ●
资本物语

现实的资本市场是很残酷的，它残酷到可以触痛企业发展的神经，让企业走下坡路。但现实又并不可怕，前提是企业先要让自己变得强大——当你的价值还不足以支撑目标时，没必要死磕，先去融资吧！

融资是贯穿企业经营始终的头等大事，从创业投资到企业发展再到上市阶段，都少不了融资。

我国中小企业发展的最大瓶颈就是"缺钱"。

遗憾的是，很多企业家没有融资计划的概念，也没有

资本运营的意识。

有的企业在现金流良好的时候，从来不与金融机构建立关系。一旦企业缺钱的时候则慌了手脚，由于平时没有银行授信记录，也没有业务往来，便无法拿到优惠的低息贷款……

总之，融资难是中国中小企业发展的"阿喀琉斯之踵"[1]。

📁 在步履维艰的日子里，成功融资才是活下去的最大筹码

尽管种种原因造成了企业融资难的困境。但为什么有的企业依然能快速成长，而有的企业却举步维艰？

关键在于企业是否懂得借助资本市场的力量融到实实在在的钱。

不要说你的企业眼下经营良好、运行平稳，完全不缺钱，也没必要去融资。

世界知名企业几乎都是通过融资，进行资本运作，实现规模扩张与裂变，迅速跨入世界级大企业的行列。所谓

---

[1] 阿喀琉斯之踵（Achilles' Heel）：原指阿喀琉斯的脚跟，因是其唯一一个没有浸泡到神水的地方，是他唯一的弱点。后来在特洛伊战争中被人射中致命，现在一般是指致命的弱点，要害。即使是再强大的英雄，也有致命的死穴或软肋。

经营良好、运行平稳只是资本原始积累的初级阶段，要想逐步扩张，变得更值钱，首先要让自己有足够大的资本做更多有价值的事。

但是，融资不是坐等天上掉馅饼，投资人的钱也不是大风刮来的，更不是融资越多越好，一旦出现经营不善的问题，企业就会背上沉重的债务负担。企业应该有科学、合理的融资计划和策略，这样不但可以融到钱，还有效减少了企业的融资风险及负债。

那么，适合企业的融资渠道有哪些呢？企业又该作何选择呢？

在选择渠道方面，企业应主要考虑融资成本。

基本原则：

民间机构 > 互联网平台 > 一般机构机构 > 大型金融机构。

目前，我国主要融资渠道：

- 银行；

- 企业债权发行等非银行金融机构（如证券公司）；

- 小贷公司；

- 担保机构；

- 民间借贷机构；

- P2P 平台；

- 众筹平台；

● 各地区域性股权交易中心。

从融资方式来说：

● 抵押贷款；

● 信用贷款；

● 企业债券；

● 股权融资；

● 融资租赁。

以下是对我国当下主流融资渠道的成本分析，如表 4-1 所示。

表 4-1　我国当下主流融资渠道的成本分析

主流融资渠道	成本分析
银行	银行是我国金融体系中绝对的 No.1，但对广大中小企业来说，银行的门槛非常高，尤其是对创业期没有抵押物的小企业来说，很难从银行贷出钱。银行贷款的成本并不低，贷款年利率约为 7%～10%，加上隐性成本，如以贷转存、第三方中介费等，贷款的总成本约为年 8%～12%
私募基金	项目融资总成本约为年利率 24%
P2P 借贷	一般借出在 24% 左右
高利贷	月息从 3 分起，上不封顶，一般不推荐高利贷
融资租赁	表面上看是借物，而实质上是借资，以租金的方式分期偿还。融资租赁这种筹资方式，比较适合需要购买大件设备的初创企业，但在选择时要挑那些实力强、资信度高的租赁公司，且租赁形式越灵活越好

目前国内最新的各融资渠道资金成本具体比较如图 4-1 所示。

资金投入年收益率		资金贷出年利率
5.5%	银行	8%～12%
8.8%～10%	信托公司	13%～20%
13%	基金子公司 与债券资管	15%～24%
8%	故事委托 贷款	15%
12% 或 15%	私募基金	24%
12%	P2P 借贷	24%
	高利贷	月息从 3 分起，上不封顶

图 4-1　目前国内最新的各融资渠道资金成本具体比较 [1]

企业可以根据实际需要，选择适合自己的融资渠道。

选择渠道只是融资第一步，你选择了资本，资本未必选择你。

为了成功拿到钱，企业应提前"自我增值"，做好以

---

[1] 图片来源：搜狐财经（搜狐网旗下的财经频道）。

下功课，如图 4-2 所示。

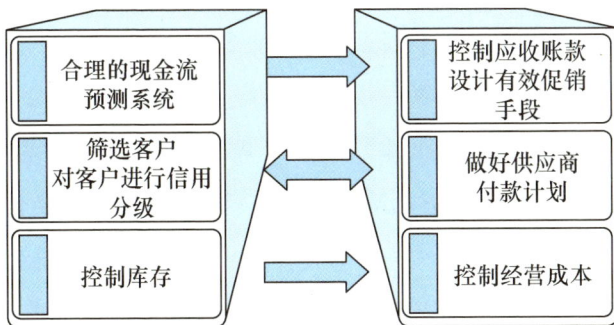

图 4-2　企业成功拿到钱的"功课"

企业样本 1　马云凭借自己独有的理念成功融资

错过阿里巴巴 IPO 的投资，高盛恐怕是悔得肠子都青了的那一个。要知道，在孙正义软银进入阿里巴巴前，高盛是第一个给马云投资的风投机构。

那是 1999 年，马云用"十八罗汉"凑来的 50 万元开始创业之路，不到 8 个月，这些钱就都花完了。当时马云说："今天很残酷，明天更残酷，后天会很美好，但绝大多数人都死在明天晚上。"可见那时阿里巴巴多么缺钱！

当时正是互联网起步的时候，很多投资人开始关注互联网产业，当时有投资人联系马云，但是在具体的谈判中，马云拒绝了至少 38 家投资商，原因是这 38 家投资商的内地背景。马云认为这些投资者们的投资风格太中国化了。马云希望风投给他和阿里巴巴的更多，如进一步的风险投资和其他的海外资源。

终于在 1999 年 8 月，阿里巴巴等来了高盛的第一笔"天使基金"。尽管高盛的要求非常苛刻，但马云和蔡崇信商量之后还是决定接受高盛的投资。一方面高盛是全球有名的投资公司，未来将帮助阿里巴巴开拓美国市场；另一方面它的规模大，看事情比较长远。钱重要，未来更重要。

果然，1999 年 10 月，高盛公司牵头，美国、亚洲、欧洲多家一流的基金公司参与，阿里巴巴引入了第一笔高达 500 万美元的风险投资。此次投资不仅成为阿里巴巴首轮"天使基金"，也成为轰动一时的特大新闻。

马云有自己的融资理念，他认为投注式的融资是对创业企业极为不利的，会给创业企业带来很大的隐患。而那些策略投资者不同，他们会对企业有长远的信心，一定会长期坚持下去，而不是期望短期牟利。

2004 年，全球互联网泡沫破灭，高盛以 2200 万美元价格出让其在阿里巴巴的所有股份，正式与阿里巴巴分道扬镳。如今，高盛的身份只能是阿里巴巴 IPO 的承销商，而且是之一。

企业样本 2　传统行业借助资本重获新生

与风生水起的互联网比起来，传统出版业似乎更像是夕阳产业，而磨铁却能在经营惨淡的行业背景下，成功融资。

磨铁创办人沈浩波大学时代是先锋派诗人，毕业后进入报社做记者，2001 年，沈浩波辞职，用借来的十几万元注册了磨铁文化企业，主营业务就是出版业。当时没有调查过市场，对市场的需求并不了解，自己想当然地策划出版了一些书，借来的钱不到半年就赔光了。在接受了市场的教训后，沈浩波开始以读者需求策划产品。

于是，他和团队认真分析了当时青少年的阅读偏好后，推出了主打 80 后青春叛逆概念的《北京娃娃》。随后，循着这一读者思路，磨铁图书相继出版了《诛仙》、《明朝那些事儿》、《历史是个什么玩意儿》等畅销书，磨铁图书一举成为民营书业的佼佼者。

大畅销书的运作模式也给磨铁图书带来了充足的现金流。

磨铁图书最初是从大畅销书运作中成名立万的，品牌和现金带来的最直接的效益就是吸纳了更多优秀的出版人。而有了优秀的出版人，就保证了每年超过 50 本发行量过 10 万的畅销书，这是企业的核心价值，而这个出版团队，也被沈浩波视为"非标准化"的创意部分。

2007 年，磨铁获得 5000 万元融资，其后，鼎晖创投与基石资本联合给磨铁图书注资一亿元人民币，磨铁图书已成为民营出版业内融资额最大的企业。在沈浩波看来，投资人投的其实是文化产业，而在文化产业里，出版业基本上算是块处女地。

作为创意产业的出版业，其核心资产是人。有了资本，便可以培养、发现自己的"人才团队"，从而利用知识产权获得更大的价值。可见，资本试水出版业，更看重知识产品背后的价值。

📁 企业到底值多少钱不能是笔"糊涂账"——融资前的自我估值

值钱的企业到底值多少钱？这就涉及上市前的自我估值。正确的估值是为了日后更合理的定价。

从专业角度而言，估值其实质是用货币量化一家企业的内在价值——企业内在的价值体现在未来收获利益的多少，并与此产生了推测包括未来现金流、利润或股利收入等指标（不同类型的企业会选择不同的财务指标）。

企业估值方法五花八门，因为企业估值是投融资、交易的前提，一家投资机构将一笔资金注入企业，应占有的权益取决于企业值多少钱。

企业样本 3　看似小众的知乎自我估值 3 亿元

2015 年 11 月 5 日，知乎（图 4-3）创始人周源向媒体表示，知乎完成了 5500 万美元 C 轮融资，新投资方是腾讯和搜狗，腾讯领投。之前的投资者赛富、启明创投和创新工场都在本轮进行了跟投。

本轮融资后，知乎估值已经超过 3 亿元。

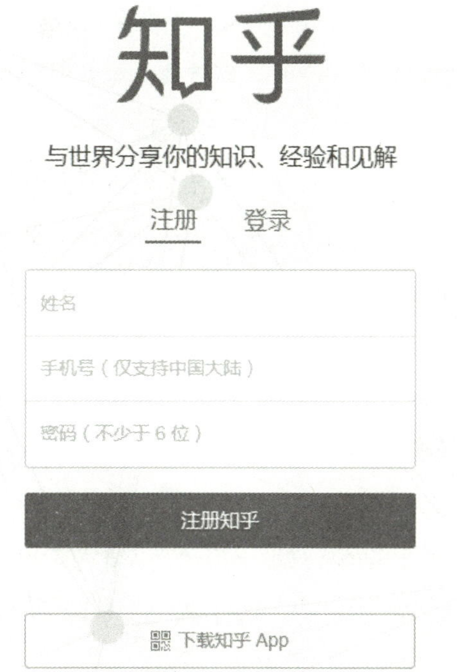

图 4-3　知乎官方网站的清爽界面示例图

短短几年内，知乎从最开始的邀请入驻到开发注册，在对百度问答和豆瓣、天涯社区问答的竞争中，杀出一条血路，知乎从小众社区变成大众自媒体。

腾讯看重知乎社区的是长期以来沉淀了大量高质量的内容和用户。周源团队在过去几年证明了他们的耐心和对内容的把控力。知乎采用社区方式链接，为用户提供专业权威及个性化的知识问答，与百度百科、天涯社区等同类有明显差异，因此能吸引到众多用户参与。

知乎的定位是专业化、高质量、知识干货，有别于百度问答；在用户定位上，知乎倾向于社会的中间精英阶层，汇集各个行业精英，力求在用户上做出明显的区分度，这与豆瓣的文艺气质区分开来；知乎带有微社交性质，只从内容上面链接用户作为社交存在方式，与论坛（天涯社区）的社交又有所不同。

可见，知乎的自我估计并非空穴来风，而正确的估值也令知乎在发展过程中得到了资本市场的强力支持，令今天的知乎几乎可以做到页面几乎无广告，带给用户极佳的体验。知乎旗下知乎日报采取"人人都是主编"的模式，每个人都能创建自己的主题日报，并筛选加入内容，供其他用户关注阅读。

也有人认为知乎是幸运的。在现实中，并不是所有能正确自我估值的企业都顺利地获得了资本注入。例如，在天使投资界，有一条不成文的规则，即绝对不要投资一个估值超过 500 万元的企业。

这是因为天使投资退出时企业的价值在一定的情况下，初始投资时的企业定价越高，天使投资家的收益就越低，当其超过 500 万元时，就很难获得可观的利润。

为什么是 500 万元呢？

美国人博克斯列了一个简单明了的公式，方便对于初创期的企业进行估值：

一个好的创意 100 万元；

一个好的盈利模式 100 万元；

优秀的管理团队 100 万～ 200 万元；

优秀的董事会 100 万元；

巨大的产品前景 100 万元。

总计为 100 万～ 600 万元。

这种方法的好处是，将企业的价值与各种无形资产的联系清楚地展现出来，比较简单易行，通过这种方法得出的企业价值一般比较合理。

从公式中可以看出，与其说资本是投资项目，不如说是投资项目背后的初创者及其团队，创意、商业模式、执行力，都需要人来实现。事实上，很多资本机构并不看重创业者有多少重资产，人才是最值钱的。

此外，常用的估值法还有许多，如表 4-2 所示。

表 4-2　企业常用的估值方法一览

方法	简　介
三分法	指在对企业价值进行评估时，将企业的价值分成三部分：通常是创业者，管理层和投资者各占 1/3，将三者加起来即得到企业价值
市盈率法	主要是在预测企业未来收益的基础上，确定一定的市盈率来评估企业的价值，从而确定投资额
实现现金流贴现法	根据企业未来的现金流、收益率，算出企业的现值作为企业的评估价值
倍数法	用企业的某一关键项目的价值 × 一个按行业标准确定的倍数，即得到企业的价值
200 万～1000 万元网络企业评估法	由于互联网企业的价值起伏大的特点，因此对企业价值评估范围由传统的 200 万～500 万元，增加到 200 万～1000 万元
O.H 法	这种方法是由天使投资家 OH 首先使用的，主要是用于控制型天使投资家，采用这种方法时，天使投资家保证创业者获得 15% 的股份，并保证其不受到稀释，由于天使投资家占有大部分股权，但天使投资家要负责所有资金投入

（续表）

方法	简　　介	
上市公司估值法	一类是相对估值方法（如市盈率估值法、市净率估值法、EV/EBITDA 估值法等）；另一类是绝对估值方法（如股利折现模型估值、自由现金流折现模型估值等）	
	采用相对估值指标对公司价值进行分析时，需要结合宏观经济、行业发展与公司基本面的情况，具体问题具体分析。在市场出现较大波动时，市盈率、市净率的变动幅度也比较大，有可能对公司的价值评估产生误导	绝对估值方法是通过预测公司未来的股利或者未来的自由现金流，然后将其折现得到公司股票的内在价值。绝对估值法的优点在于能够较为精确地揭示公司股票的内在价值，但是如何正确地选择参数则比较困难

天使投资：
初创企业的最佳选择

●●●●●
资本物语

　　从某种程度而言，天使投资与风险投资在投资规模和阶段上存在着一定的互补关系。一个健康的天使投资市场有助于资本市场的繁荣。对于初创企业来说，清楚不同融资渠道的投资行为是非常重要的。尤其在"找钱荒"的企业运营初期，找到自己的"专属天使"，才不会过早地被虎视眈眈的"恶魔"拉入深渊。

顾名思义，天使，即上天派来的使者。对于大部分企业来说，能在创业初期给他们投资的，无疑就是他们的救命"天使"。

当企业投入所有的力量融资后，发现资金还是不够，那么此时，你就需要寻找自己的"天使"。

天使投资最初的形态其实就是寻找自己的亲戚、朋友、客户进行融资。这种形式也就是民间常见的"帮困济贫"，主要是城乡居民、个体私营企业主之间用自有闲置资金进行无偿或有偿的相互借贷行为。相互熟悉、相互信任的借贷双方直接见面，约定借款金额、期限、利息，口头约定或打个借条，主要是亲友之间临时性资金调剂，金额从几百元到数万元不等，这些就是我们所说的身边的"天使"。

除了这些身边的"天使"，在市场上还有一大批专业的天使投资人，天使投资人是指一些富裕的个人为创业初期甚至是创意期的企业提供资金，帮助创业者创办企业的人。

📁 正确处理企业与天使投资人的关系

对于天使投资人来说，他们最梦寐以求的投资模式是这样的：自己找一家企业，给他一笔钱，不闻不问不管，几年之后，拿回几十倍乃至上百倍的回报。

当然这种好事也时有发生，有不少明星、富豪通过朋友或者理财顾问，把自己的钱投入一些早期项目，等几年之后他们都忘了这笔投资时，突然有一天稀里糊涂地就赚到了一大笔钱。

但是对于天使投资人来说，这样的好事现实中基本不可能发生。

相比成熟的企业家来说，创业者的经验总有一定的局限性，他们大都是技术或者销售出身，在资本运作、企业管理、资源利用等方面没有成熟的经验，天使投资人一旦投资，就必须要帮这些创业者把企业管理好。

天使们不但期望利益的回报，还有可能会与创业者维持长期合作的关系。当然，创业成功是最好的结果，如果一不小心创业失败，天使投资人也可以在合适的时候，找合适的机会把创业者派到自己新投资的企业中作为管理者。因此，创业者和天使投资人合作不仅能得到资金方面的帮助，在发展方面也是受益无穷的。

天使投资人投资一家企业之后，首先带来的就是资金，这正是很多创业者迫切需要的。单从钱的角度来说，所有的天使投资人都一样，同等数额的资金，这家天使投资人的钱不可能比另一家天使投资人的钱更值钱。但是从创业者的角度来分析，每家天使投资人的钱都有不同的地方，这就是天使投资人的附加价值。

天使投资人能够给予创业者最直接的帮助可以分为两方面：

一是发展战略，如企业三五年内的发展规划、企业的市场定位、商业模式、产品等；

二是企业内部管理，天使投资人进入企业之后，企业在管理上就要步入正规化、制度化，尤其是财务管理。

帮助归帮助。

虽然天使投资人是创业者的朋友和帮手，毕竟他们和创业者的基本利益是一致的，但是有些时候创业者和天使投资人之间也会产生利益冲突，此时"天使"般的面孔就很有可能变为"恶魔"。

例如，当天使投资人认为一家企业前景暗淡时，如果是天使投资人控股，可能会选择马上将其卖掉，收回部分成本。但是，这样一来企业就白忙一场，因此企业都会倾向于继续坚持下去。这时候就要看谁拥有控股权了，更准确地说，就是看谁占的股份更多。

因此，企业要恰到好处地处理和天使投资人的关系。企业的角色是站在台前，而天使投资人的使命是站在幕后。如果天使投资人站在了台前，要么说明天使投资人在管理上越权，要么说明创业者无能。无论是哪一种情况，企业都不可能办好。另外，企业和天使投资人之间是一种长期的，甚至是一辈子的合作关系。因为对于天使投资人来说，投资除了获得丰厚的资金回报之外，还有一个重要的目的，就是发现并且招揽人才。

🗁 不是资本稀少，而是你还没有找到属于自己的"天使"

经常会有人抱怨找不到天使投资人，其实不是资本稀少，而是因为他们没有掌握寻找天使的正确路径，自然没有人给企业注资。

要想成就一番事业，天时、地利、人和，缺一不可。

当然，即使我们找到了天使投资人，如果他们不感兴趣，自然也无法获得投资。

尤其随着我国投资市场的不断完善，"天使"对创业企业核心竞争力的预测和审核越来越严格。因此，为了顺利地拿到天使投资，企业要认清以下几点事实真相。

真相 1. 天使投资更看重的是"人"

天使投资一般进行投资时第一考察的便是企业经营者本身，如之前的工作经验，领导团队的能力，参与开发过什么项目，团队中有什么样的人才。创业者自身和团队的素质与能力几乎是决定天使投资人是否进行投资的核心要素，甚至是唯一要素。

真相 2. 天使投资不仅仅需要创意

一般来说，初次创办企业的人都是有了一个好创意才会着手进行创业的。但是，也应该认清楚，很多初期的创意都只是创业者自己推演出来的，缺乏市场调研和商业逻辑，由于具备强烈的愿望，往往会打动一些志同道合者一同参与。

但是天使投资人是理性的，他们并不会因为一个"好点子"而出资，他们需要的，是经过成熟的市场调研以及商业思维磨炼后，更成熟的商业创意。

了解了以上两点真相，企业要想快速获得天使投资，需要"对症下药"，如图 4-4 所示。

融入投资人的圈子

努力获取"天使"信任

明确知道自己的需求

在适当的时候说"不"

有心理准备和未来规划

图 4-4　吸引天使投资的 5 个关键

1. 融入投资人的圈子

在市场中，很少有天使投资人主动去寻找项目，他们往往会投给朋友介绍的或者自己圈子中的项目。这是一个很简单的逻辑，如果你连投资人的圈子都找不到，投资人又凭什么放心把钱交给一个陌生人？

2. 努力获取"天使"信任

想获得投资，就必须要想方设法地去获得天使投资人的信任，或者说，让天使投资人觉得你是可信的。

例如，你有一家做电子商务的企业，要去找一位知名天使投资人进行融资。如果你孤身一人，带着一份陌生的商业计划书去找天使投资人畅谈你的创意，你觉得成功概率有多大？相反，如果你能带着一位阿里巴巴的架构工程师，或是运营经理，那么无疑会使你看起来更可信。

只要你获得了第一笔天使投资，再向其他天使投资人寻求融资的机会就更大一些，因为第一位天使投资人的投资至少说明你的项目是有价值的。

当然，创业者也要避免引入过多的天使投资人，因为如果投资人过多，就会引发管理矛盾。

3. 明确知道自己的需求

天使投资人可以给你的不仅是现金流，还有很多资源。

每一位天使投资人都有着广阔的人脉，因此我们在进行融资时，最先要考虑的不是能拿到多少钱，而是可以获得多少资源。在获得启动资金后，所有积累的资源都属于你，只要你不去恶意破坏这些资源，这些资源就可以源源不断地为你创造价值。

例如，你通过一位知名的天使投资人结识了另一位被投资的企业家，而他的企业恰好可以为你提供原材料或者服务，那么因为有天使投资人的关系，你们就可以以性价比更高的方式达成合作，这就是一种资源。

4. 在适当的时候说"不"

在常人眼里，向投资人说"不"如同天上掉下 500 万元而你却无动于衷，看起来是个很傻的举动。

但是，有时候拒绝自己的天使投资人并非是坏事。事实上，有些天使投资人对创业融资缺乏经验，因此在投资后会抱有很高的期望值，甚至会亲自插手管理你的企业，这样的天使投资人对你到底是利大于弊还是弊大于利呢？

因此，企业在接受融资时，一定要多进行几次会谈。要记住，融资是双向选择，并不是"有钱就拿"的"傻白甜"游戏。

5. 有心理准备和未来规划

创业者如果能够一次成功当然皆大欢喜，但是，如果一个非常有前景、有价值的企业却因为种种客观原因而经营失败，那么天使投资人将来或许还会为其他项目投资，或者将其派到新企业担任管理者。

因此，对于企业而言，一旦顺利拿到了天使投资人的钱就要尽力把企业经营好，对企业未来发展有明确的规划，不断自我增值，以此获得天使投资人的青睐。最愚蠢的一种企业莫过于把天使投资机构当成提款机，只拿钱不作为，到最后，在把天使投资人愚弄一回的同时也切断了自己未来的路！

风险投资：
中小企业的成长沃土

资本物语

曾几何时，在美国硅谷诞生了无数个年轻的富豪。而在此之前，这些青年才俊大多还只是个在实验室中埋头苦干的学生。

当然，他们奇迹般的发迹史，离不开以信息技术为背景的高科技创意。但最终使他们的创意渐渐变成现实，服务于全球市场，并且让他们几乎是在一夜之间暴富的"幕后使者"，不是别人，正是风险投资。

在市场上，有一些投资机构通过向富人们募集的方式以及一些其他渠道筹集资金，再通过运作，把自己手中的财富投向一些有潜力、有价值的创业企业，最后获得高额的回报，这种投资形式就叫做风险投资。

风险投资（venture capital），简称 VC，中文简称风投，在我国是一个约定俗成的具有特定内涵的概念，顾名思义，风险投资必定伴随高风险、高收益。

在中国，其实翻译成创业投资更为妥当。广义的风险投资泛指一切具有高风险、高潜在收益的投资；狭义的风险投资是指以高新技术为基础，生产与经营技术密集型产品的投资。而我们接触最多的，就属于狭义上的风险投资。

一家企业在初创阶段可以借助天使投资，但是真正的发展还需要风险资金的注入，因为天使投资往往只能帮助创业者初步搭建起企业的架构。

然而，许多企业在找到风投时，都会面临一个看似简单的问题："我应该管风投要多少钱？""我能融到多少钱？"

风投一旦真问到他们想要多少钱的时候，企业人往往会这样回答：

"我不知道，当然越多越好！"

"我觉得我的企业值 1 亿元人民币，但我最多只能出让一半股份，就融 5000 万元人民币吧！"

"我知道同行 ×× 企业刚刚融到了 1000 万美元，那我也要 1000 万美元！"

暂且不论风投会不会答应企业的"无理"要求。先来听听风投们是怎么想的吧。

在大多数风投们看来，最理想的融资模式莫过于投资2000万元获得一家估价4000万元企业30%的股份，随后这家企业飞速发展，最终获得超过100倍的投资回报。

既然风投们十分看重回报的倍数，同样就会以回报倍数来衡量投资的质量。

其实，风投一旦决定投资某个项目，就说明他对这个项目有很大的把握，在这种情况下，多投资100万元仅仅会让后期的回报总额低一点。即使这个项目失败，企业也不过多损失了100万元而已。但是在投资时仍然会尽量压低企业的估值，他们会告诉你"估值过高对企业没有任何好处"，这样做的目的就是方便他们在获得同样股份比例的情况下尽量少投资，而且还可以获得更高的投资回报倍数。

📁 找钱始终是一个痛苦的过程，一旦发现机会就要牢牢抓住

对于风投来说，无论在什么情况下投资，他们所面临的风险和回报期望都是成正比的。

因此，企业处于不同的阶段的报价也不同。如果企业

发展到一个很重要的里程碑阶段，企业的风险水平就会大大降低，这时给企业的估值也会大大提高。

对于企业来说，每一次寻找资金来源都是一段很痛苦的过程，要花费大量的时间、精力和资金，即使如此也仍然有可能融资失败。

因此，企业一旦发现融资机会就要牢牢抓住，尽量提高自己企业的估价，尽量多要钱，以免以后再重复一次这样痛苦的过程。

几乎所有的企业都认为前景非常乐观，这种乐观直接导致企业对困难认识不足，对资金的需求认识不足，通常预算出的金额会比实际花销少很多。而且，即使你的预算差不多，也要给下一轮融资预留出一段时间，融资的一般周期都是半年左右，最快的也要 3 个月。很多企业就是因为预算不足，还没有撑到下一轮融资，资金链就断裂了——因此，**企业在向风投要钱时，应该尽量把之前计算好的融资额度 ×1.5，这才是你要的答案。**

另外，企业在考虑向风投要多少钱时还要考虑到以下两种现实情况。

情况 1. 当预计融资额度不高时……

如果通过计算，你发现自己的企业只需要 100 万元人民币，那么恭喜你，说明你的商业模式至少看起来十分省钱。即便如此，你也不妨再多融一点，因为充足的资金可以保证企业更稳定更快速地发展。况且，融一次资就会耗费大量时间，一次多拿点可以省去日后的麻烦。

另外，对于几百万元人民币的小数额投资，大部分知名机构都不会太感兴趣，因为它们财大气粗，对这种小项目是看不上眼的。况且，只融这点资金，估计企业出让的股权比例也不会太高。对于首轮融资来说，很小的股权比例对风投通常没有太大的吸引力。

情况 2. 当预计融资额度过高时……

相反，如果计算出的融资金额太大，企业就可能需要出让大于 40% 的股份，这是非常不合适的，因为企业经营者可能会因此失去对企业的控制权。这样一来，企业可以适当减少首轮融资的资金额度，直到企业发展全面铺开时再进行第二轮融资，这样就可以尽量少稀释自己的股权。

📂 看清风投钟爱的对赌协议背后的秘密

对赌，一个看起来似乎并不上台面的词，却是很多企业家和风投机构所钟爱的选择。

对赌协议（Valuation Adjustment Mechanism），简称VAM，最初被翻译为"对赌协议"，其直译意思是指"估值调整机制"，这样更能体现其本质含义，我们日常听到的对赌协议，所涉及问题其实和赌博并无关联。

创业者在接受风险投资之时，如果对自己的企业发展有着高度的自信和期望，那么就可以与风险投资机构签订对赌协议。

简单来说，对赌协议就是收购方（包括投资方）与出让方（包括融资方）在达成并购（或者融资）协议时，对未来不确定的情况进行一种约定。

如果约定的条件出现，投资方可以行使一种权利；

如果约定的条件不出现，融资方则行使一种权利。

因此，对赌协议实际上就是期权的一种形式。

在欧美，很多企业都热衷于与风险投资机构进行对赌。

而在中国，由于性格使然，很多创业者都十分谨慎，不愿意与风险投资机构进行对赌。

当然，中国也从来不乏敢于第一个吃螃蟹的人。

企业样本　**蒙牛的对赌，让各方成为赢家**

2001年年底，摩根士丹利等投资机构与蒙牛接触的时候，蒙牛乳业企业成立不到3年。

1999年1月，牛根生从伊利出来自立门户，在呼和浩特创立了"蒙牛乳业有限企业"，注册资本100万元，是一家典型的创业型企业。

2002年6月，摩根士丹利等机构投资者在开曼群岛注册了开曼企业。

2002年9月，蒙牛乳业的发起人在英属维尔京群岛注册成立了金牛企业。同日，蒙牛乳业的投资人、业务联系人和雇员注册成立了银牛企业。金牛和银牛各以1美元的价格收购了开曼群岛企业50%的股权，其后设立了开曼企业的全资子企业——毛里求斯企业。同年10月，摩根士丹利等三家国际投资机构以认股方式向开曼企业注入约2597万美元（折合人民币约2.1亿元），取得该企业90.6%的股权和49%的投票权，所投资金经毛里求斯最终换取了大陆蒙牛乳业66.7%的股权，蒙牛乳业也变更为合资企业。

2003年，摩根士丹利等投资机构与蒙牛乳业签署了对赌协议。双方约定，从2003～2006年，蒙牛乳业的复合年增长率不低于50%。若达不到，企业管理层将输给摩根士丹利约6000万～7000万股的上市企业股份；如果业绩增长达到目标，摩根士丹利等机构就要拿出自己的相应股份奖励给蒙牛管理层。

2004年6月，蒙牛业绩增长达到预期目标。摩根士丹利等机构"可换股文据"的期权价值得以兑现，换股时蒙牛乳业股票价格达到 6 港元以上；给予蒙牛乳业管理层的股份奖励也都得以兑现。摩根士丹利等机构投资者投资于蒙牛乳业的业绩对赌，让各方都成为赢家。

这场对赌，对于当时正缺钱的"老牛"而言可谓是一阵"及时雨"。

中粮集团的老总宁高宁，其爱好就是玩资本运作，打造知名品牌。

🗁 有技巧地接触风投、面对拒绝，胜算才会更大一些

在现实中，并不是随便找一家风投要钱就会像蒙牛一样顺利迎来一场"及时雨"。

有些创业者写好商业计划书之后就迫不及待地开始联系风投。他们在网上一搜就可以搜到很多的官方网站和联系地址，通过这些联系地址，很多创业者便开始对风投进行邮件轰炸。一封邮件没有回应发两封，两封没有回应发四封。但创业者是否想过，这样真的有用吗？

有很多创业者抱怨："我给风投发了那么多封邮件，为什么得不到一封回复？"

因为邮件轰炸这种办法是一种最糟糕的接触方式。

大部分风投机构每天都会收到大量的商业计划书，而

想要认真处理每一份商业计划书是要花费大量精力的，因此，一般都会采取某些筛选机制。

一家风投机构一般都有明确的等级制度，专业的头衔一般分为以下几种：合伙人、投资总监、投资经理、分析师。找风投融资其实和做销售一样，因此很多销售技巧在向融资的过程中也能用到。

技巧 1. 致电高层

在销售业，有一种叫做"致电高层"的销售哲学。意思是，你要想迈入任何组织的第一步，就是能被有效引荐给其组织的最高层成员。在风投机构中，最有权力的当然就是合伙人和投资总监。但是，有权力并不代表唯一权力。在风投机构中，一个投资方案有时需要几个合伙人的一致同意才能进行，不要以为一位"主管合伙人"或者是"创始合伙人"就比其他合伙人拥有更大的权力。你必须要重视风投机构每一个有投票权的人，了解他们的兴趣、关注点和问题。不要以为有了一个支持你的合伙人，你就可以获得的投资，只有让整个风投机构的高层满意，你才算获得成功。

技巧 2. 正视沉默

一家为了能够看到尽量多的融资项目，会通过各种渠道去搜集商业计划书，一方面是因为看的项目越多，发现好项目的概率也就越大；另一方面，也能够从每种项目中学到一些东西，并且以此来推测某个行业的前景。

有的人不怕拒绝，最怕的就是这种沉默。有些人可能会说沉默本身就是一种对项目没兴趣的反馈。创业者不要以为这是风投比较仁慈、不忍心直接拒绝你。对于有些风投机构而言，他们沉默的原因更多是自负，他们认为你的项目甚至不值得花时间给一个简单的回复。当然，这绝对不是大多数沉默的原因，真正的原因是，每天都要收到很多类似的邮件和电话，而且根据经验来看，好的投资项目都是自己找的，或者是顾问和朋友推荐过来的，没有什么项目是发个邮件、打个电话就能获得投资的，所以他们根本不屑于看，自然也就不会回复了。

技巧 3. 不怕被拒

要放弃哪一个项目也是一件非常难以决定的事，因此，风投机构通常会有自己的一套快速筛选方法。通常，首先要看这些项目是不是他们所感兴趣的领域；如果是所感兴趣的领域，还会考察团队背景如何，有没有将企业做大的潜力；如果团队也让他们满意，这才会花费时间去了解，甚至与创业者面谈。

然而，创业者往往有一个通病，就是认为自己的项目是个好项目，如果风投机构不给他投资简直天理难容。但是不要忘了，所面对的"好项目"有成百上千个，你的好项目或许只是其中最不起眼的一个。

如果你的项目通过了的第一道筛选，有幸获得了和风投面谈的机会，即使他们觉得项目不合适，大多也不会直接拒绝。他们或许对项目还抱有疑虑，想要等企业运作一段时间之后再决定是否投资。他们一般会这样回答你：你的商业模式很不错，如果你们发展起了一定的客户，我们可以考虑与你合作。第二轮融资时我们可以考虑投资，保持联系。

当得到这样的答复时，机会来了，企业就要牢牢把握机会。但是，听到类似以上的答复也不要盲目乐观，更不要将作为跟新一家风投机构谈判的筹码。

总之，对于企业而言，要始终保持冷静，拥有"不以物喜，不以己悲"的良好心态。不要因为被一些拒绝就着急改变自己的战略，也不要浪费时间去说服对你的项目不感兴趣的风投或者纠缠投资态度模棱两可的风投，及时寻找下一个适合你的资本机构才是王道。

民间融资：
亘古绵延的强大金池

● ● ● ● ●
资本物语

对于企业来说，银行贷款难、放款慢，早已不是什么新闻了。

在这种情况下，企业能够选择的渠道并不多。此时，企业就不应该再"挑肥拣瘦"了，能实实在在为你融资的资本机构，就是你应该牢牢抓住的"救命稻草"。

普遍来说，专家学者将那些非政府拥有的资本统称为民间金融。

换言之，民间金融就是集合了居民个人财产、民营企业流动资金、专业的民间借贷机构等民间资本渠道的一种金融方式。

民间融资的渠道有很多种，这些渠道各不相同，适合的企业也不尽相同。

如果一家企业无法选择最适合自己的融资渠道，融资之路往往会无比艰难。

例如，一家企业原本可以在内部融资解决资金问题，却偏偏去典当行进行融资，最后因为利息过高无法偿还，活当变死当，典当的厂房再也赎不回来，最终只能破产，这就是融资渠道选择不当的后果。

具体说来，民间融资主要有以下几种渠道，如表 4-3 所示。

表 4-3　民间融资的主要渠道

融资渠道	分　　析
典当行	典当行亦称典当公司或当铺，是主要以财物作为质押进行有偿有期借贷融资的非银行金融机构。典当公司的发展为中小企业提供了快捷、便利的融资手段，促进了生产的发展，繁荣了金融业，同时还在增加财政收入和调节经济等方面发挥了重要的作用
创投机构	创投机构，就是那些非政府、非官方，民间自主成立的投资机构。这些投资机构或是一些大型的民营企业旗下的投资团队（如联想集团的君联创投），或是一些投资界专业人士组建的投资机构（如鼎晖创投），这些投资机构在国内市场上寻找那些缺乏资金并且具备发展潜力的企业，参与企业管理并且指导企业发展，待企业上市后获得回报，顺利退出

（续表）

融资渠道	分　　析
内部融资	内部融资是指企业筹集内部资金的一种融资方式，企业的内部融资属于企业自有资金，而自有资金的形成有很大一部分是企业在经营过程中通过自身积累完成的。与其他融资方式相比，企业内部融资的最大特点就是融资成本较低，因此在具体操作中，这种融资方式应该是融资者的首选
村镇银行	所谓村镇银行，是指那些为当地农户和中小企业提供融资服务的机构。它并不是某银行的分支机构，而是一级法人机构，中国银行业监督管理委员会依据有关法律法规批准，由境内外的民间金融机构、境内金融机构企业法人、境内自然人出资，在农村地区设立的主要为中小企业和农民提供金融服务的银行业金融机构
债券融资	所谓企业债券，即企业为筹措长期资金，按照法定的程序报经核准，向社会大众发行的，按照债券上载明的利率定期向债券持有者支付利息，并在到期日按债券面值偿还本金的一种书面承诺。它是有价证券的一种。企业向社会公众公开发售债券，用现金认购企业债券的人士或法人社团，即成为债券持有人

　　企业在选择融资渠道时，要注意以下几个问题，如表4-4所示。

表 4-4　企业选择融资渠道时应注意的问题

问题	分　析
进行深入分析	在融资之前不要把目光投向那些令人心动的融资渠道，草率地做出融资决策，应该考虑："我的企业需要融资吗？""融资后的收益是多少？"因为融资是需要成本的，比如资本的利息、昂贵的融资费用以及不确定的风险成本。因此，在融资前应该深入分析，确定是否能够利用融来的资金创造利益
确定融资规模	在确定融资规模的时候要量力而行。由于企业融资是需要付出成本的，因此企业在筹集资金的时候首先应该确定融资规模。融资过多，可能会造成成本增高、资金利用率降低的结果，还有可能会增加企业负债率，从而增加经营风险。如果融资过少，又会影响企业的投资计划，容易导致资金后续无力、计划无法实施的情况出现
选择融资机会	融资机会是指有利于企业融资的各种因素所构成的融资环境。而企业选择融资机会的过程就是寻求最适合的融资途径的过程。此时，我们有必要对企业融资所涉及的各种问题加以综合分析
建立信任关系	寻找民间资本的最佳方式是通过熟人或者中介机构介绍，这样可以使民间投资者与创业企业家迅速建立信任关系，消除对陌生人的猜疑和顾虑，特别是道德风险方面的担忧
坚持原则问题	在谈判时对原则性问题一定要坚持，注意保护自己的根本利益。如果投资者处于控股地位，那么企业经营者的股权也尽量不要太低。这样一来按照《公司法》的规定，企业经营者在公司重大问题上也具有否决权，但是在细枝末节的问题上不要过于斤斤计较

（续表）

问题	分　析
认识企业价值	投融资双方可以通过交谈来仔细了解投资者的性格、爱好以及办事方式、知识背景等，做到知己知彼，通过行之有效的沟通让对方认识到自己企业的价值
提前进行谈判	为了避免双方在日后合作过程中产生矛盾，企业家要把所有的问题都摆在桌面上和投资者谈，并且用书面形式清清楚楚地表达出来，一定要在文件准备上做到规范

由于民间资本在操作上更具灵活性，因此企业在成功融资之后，也更容易与之发生很多矛盾，而且很多民间投资机构在投资后想要控股投资公司，这对投资协议的谈判以及实施会带来很大的影响。

📂 任何资本的本质都是利益追逐者，融资前做好准备是关键

企业要意识到，任何资本的本质都是利益追逐者，而非慈善家。如果企业只会在面临资金困境的时候才想到找民间资本融资，最终的结果很可能是失败。

那么，进行民间融资的首要前提是什么？是拥有强大的资源，还是拥有可靠的还款能力？

都不是！

虽然资源和还款能力能够帮助我们提高融资的可能性，但是要想真正地提高自己的融资成功率，还需要做以下 3 个准备。

准备 1. 商业计划书

有人将商业计划书比作向民间资本市场融资的"敲门砖"。对于寻找投资的企业而言，商业计划书好比一张路线图，可指明企业前进的方向，确定前进的终点并指明如何成功地到达目的地。商业计划书的好坏往往决定了投资交易的成败。因此，拟订商业计划书已经成为企业融资的"必修课"。

商业计划书是企业向投资者或其他相关人员全面展示自身目前状况、运作情况、产品市场及竞争风险、未来发展前景、融资要求等内容的文件。一般而言，一份完整的商业计划书包含以下要素，如表 4-5 所示。

表 4-5　打造一份有吸引力的商业计划书应包含的要素

要素	分　析
摘要	这是投资人最先阅读的部分，也是在商业计划书写中最后完成的部分。它浓缩了商业计划书的精华，旨在引起投资人的兴趣，有进一步探究项目的渴望。篇幅通常以 2~3 页为宜，内容力求精练，重点阐明企业的投资亮点，尤其是超出竞争对手的优势，以便读者能在最短的时间内评审计划并做出判断

（续表）

要素	分 析
企业简介	简单明了地介绍企业的起源，一定要包含创办企业的背景及创业者的构想
产品或服务介绍	专业的产品或服务介绍中应该包括产品的概念、性能及特性，产品的研究和开发过程，产品的成本分析，产品的市场竞争力，产品的市场前景，产品的专利等
企业组织架构	高素质的管理人员和卓越的组织架构既是有效管理企业的重要保证，也是吸引投资者目光的关键因素。在商业计划书中，应该首先对主要管理人员进行阐述，包括管理层成员的名字、背景和职责。然后可以分别介绍每位管理人员的特殊才能、特点和造诣，并着重描述他们对企业所做的贡献
市场预测	首先，市场预测要对需求进行预测。其次，市场预测还要包括对企业所面对的竞争格局的分析：市场中主要的竞争者有哪些？是否存在有利于本企业产品的市场空当？本企业预计的市场占有率是多少？本企业进入市场会引起竞争者怎样的反应，这些反应对企业会有什么影响
战略规划与实施	这一部分内容应着力描述为了实现战略目标而在人员团队、资金、资源、渠道、合作各方面的配置。制订的实施计划要与计划书中其他章节保持一致。例如，产品计划与产品服务中的未来研发一致，资金配置与资金使用计划一致，人员配置与人力资源规划一致等

（续表）

要素	分　析
财务规划	财务规划是商业计划书的重要支持和说明，内容一般包括商业计划书的条件假设、预计的资产负债表、预计的损益表、现金收支分析、资金的来源和使用
风险分析	企业会面临哪些风险？风险有多大？如何应对这些风险？在计划书中，企业不仅要一一列出这些风险，还要告诉阅读者面对这些风险会作出哪些反应。对于投资人而言，风险并不可怕，可怕的是那些对风险盲目乐观或根本无视风险存在的筹资者

商业计划书一定要完美，不要遗漏所有必需的信息。

有些企业急于融资，于是只提交一份很简短的、粗略的商业计划书，并承诺如果别人感兴趣，企业会提供更多的信息。

这种做法一般都会导致事与愿违的后果，原因有二：

第一，如果企业不公开信息，投资者会认为企业还没有新的信息，而只是在拖延时间；

第二，即使有投资者对企业的初步计划感兴趣，那么当企业花时间去收集其他信息时，他们也会慢慢失去兴趣。

准备 2. 资本退出

投资的目的就是获益，民间资本在进入一家企业后最终的目的就是退出，然后获得收益。根据不同的投资渠道，民间资本也有不同的退出方式，提前做好退出，避免日后落入陷阱，如表 4-6 所示。

表 4-6　民间融资的常见退出方式

融资方式	退出方式	分　　析
典当行	赎当	企业在资金运作完毕后，连本付息地将所当之物赎回，典当行因此获得利益，成功退出。除此之外，如果企业经营不善，无力赎回抵押物，那么典当行会在当期过后将抵押物拍卖，获得退出
信贷融资	结算	当贷款到期时，企业应按贷款合同按期足额归还贷款本息。一般而言，信贷融资机构会在短期贷款到期前一个星期、中长期贷款到期前一个月，向借款人发送还本付息通知单。企业在接到还本付息通知单后，应及时筹备资金，主动开出结算凭证，办理还款手续，如果逾期无法还款，信贷融资机构将会采取拍卖抵押物的方式进行退出
创投融资内部融资	多种方式	创投融资、内部融资的退出方式较多，包括公开募股，出售与回购以及破产清算等手段

那么，对于企业来说，面对民间资本的退出，应该做些什么具体准备呢？如表 4-7 所示。

表4-7 面对民间资本退出时应做好哪些准备

准备	分 析
更换合作伙伴	如今股权转让的方式已经成为投资机构的最常使用的一种退出方式，而一旦先前的投资机构选择转让股权，那么我们就要做好接受一个新的合作伙伴参与公司的经营管理活动的准备。在股权更替之前，投资机构一般会与收购股权的机构进行一系列的交接工作，此时创业者应该及时进行一些信息搜集，从所在行业、主营业务、以往的投资习惯以及管理模式等多方面下手，多了解新入驻的投资机构，以便日后更好地合作
现金流骤减	有时投资机构会选择以股权换现金或者以不动产换现金的方式进行撤资，此时，我们应该提前准备好充足的现金流，以免出现资金链断裂的尴尬局面
再融资渠道	当第一轮投资者撤资或者变现后，我们可以及时地联系第二轮投资者进入，这样一来，企业的资金就可以连续运转，投资者退出的影响也会逐渐消失

互联网融资：
势不可挡的崭新窗口

● ● ● ● ●
资本物语

随着阿里巴巴"余额宝"的推出，近几年的中国资本市场上也刮起了一场"互联网金融风暴"。互联网融资作为一种新兴的金融领域，与传统的融资渠道相比，其门槛更低、更平民化，对于有融资需求、欲征战资本市场的企业而言，无疑是一件好事。

在风云变幻的资本市场，随时都可能诞生新的"独角兽"。随着互联网技术的进步，企业创新业态、创新模式的诞生及不断地自我增值、市场空间进一步扩大，互联网也为企业打开了一扇融资的新窗口。

互联网融资是指建立在互联网中介服务基础上的企业与银行等金融机构之间的借贷活动，同时是互联网技术在金融领域的具体应用，也是互联网金融的重要组成部分。

互联网融资的优势：

● 与传统融资相比，企业轻松实现贷款的申请、审批、放款等流程；

● 打破了时间和空间上的限制，有效破解企业融资难题；

● 降低了企业的融资成本，方便且实用。

在这样的情况下，互联网融资的出现无疑是企业征战资本市场的"救命稻草"。

事实上，互联网融资对于企业和资本而言是双赢之举。

一方面，对于资本来说，互联网融资降低了经营成本，运作更为灵活、效率更高；另一方面，对于融资企业来说，互联网融资更能满足自身的融资需求、更加便捷。

2016 年 7 月 7 日，上海交通大学互联网金融研究所、京北投资、IT 桔子联合发布了《2016 年上半年中国互联网金融投融资分析报告》，数据显示：

2016 年上半年中国互联网金融投融资市场发生的投融资案例共计 174 起，获得融资的企业数为 168 家（其中有 6 家获得了两轮融资），融资金额约为 610 亿元人民币。2015 年上半年共发生 208 起投融资案例，互联网金融投资金额为 181 亿元人民币。在投融资案例数方面，2016 年上半年的投融资案例数同比降低 16.35%，显示了资本寒冬与监管趋紧的同时，投资机构的相对谨慎；在投融资总额方面，与 2015 年同期数据相比，2016 年上半年的互联网金融市场投融资规模增长达 337% 以上，并已经达到 2015 年全年度互联网金融市场投融资总额 944 亿元的 64.61%，单笔投融资额上升明显。

投融资案例数时间分布、金额时间分布、案例数行业分布、投融资规模分布的具体情况如下面组图所示（图 4-5 ～图 4-8）。

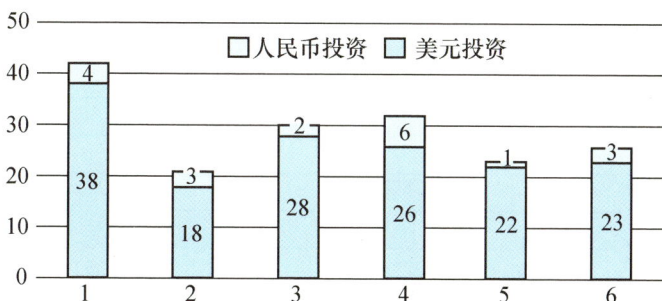

图 4-5　投融资案例数时间分布

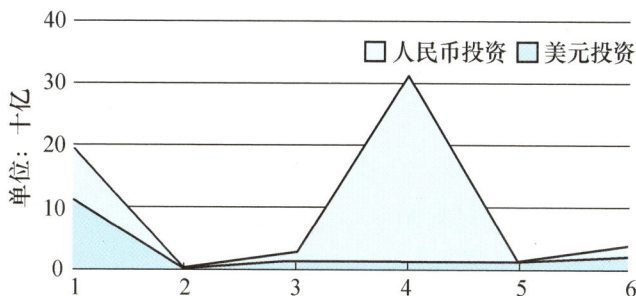

图 4-6　投融资金额时间分布

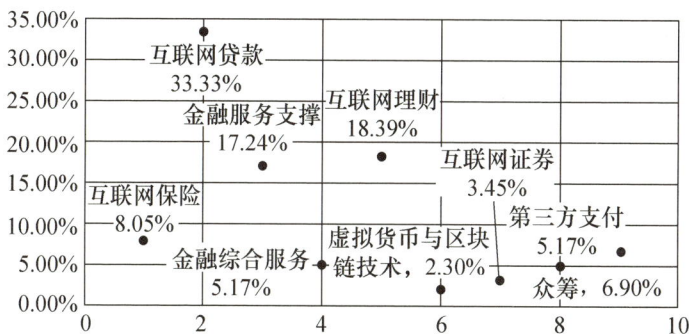

图 4-7　投融资案例数行业分布

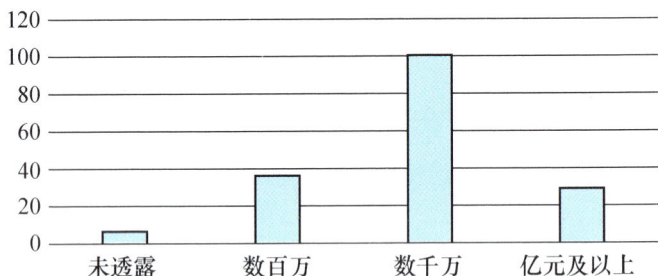

图 4-8　投融资规模分布

从以上数据来看，我们有理由相信，互联网融资还将持续受到关注，成为融资领域又一个值得关注的风口。

悄然萌芽的"2016 年第一网红"融资 —— 从 papi 走红看网红经济

网红经济，指以一位年轻貌美的时尚达人为形象代表，以红人的品位和眼光为主导，进行选款和视觉推广，在社交媒体上聚集人气，依托庞大的粉丝群体进行定向营销，从而将粉丝转化为购买力。

2015 年，我国"网红"利用互联网的影响力进行线下变现，目前来看，"网红经济"更多是一种社会现象、经济模式，而非一种成熟的融资方式。

只不过，由于"网红"往往依托强大的互联网平台炒作、宣传，变现能力日益强大，因此日渐成为一种"看似简单"

的新型融资方式。

"网红融资"真的那么简单吗？先来看一个样本。

融资样本　网红 papi 酱获得 1200 万融资

2016 年 3 月 21 日，网红 papi 酱获得 1200 万元融资——这次投资由真格基金、罗辑思维、光源资本和星图资本联合注资。

papi 酱本名姜逸磊，是中央戏剧学院导演系的硕士生，自 2015 年 8 月开始，她开始陆续在网上上传自己的原创视频，视频内容主要是吐槽日常生活的方方面面，其中《男性生存法则》《过年回家如何应对亲戚》《papi 狂喷奇葩微信朋友圈》《用台湾腔讲东北话》《爆笑演绎明星获奖时的内心》的点击量都达到了 300 万以上。可以将 papi 酱看作 90 后群体追求个性表达的一个代表，与此同时她也擅长自我营销。在她没有偶像包袱的态度下，渐渐将平凡的地方转化成了营销点，其自我调侃的"一个集美貌与才华于一身的女子"也成为撩动受众们的笑点，由于其内容诙谐搞笑又贴近生活，在短短不到半年的时间里，papi 酱这个称呼迅速在网络蹿红。其原创内容在爱奇艺上有 700 多万的订阅，微博粉丝已经超过 800 万，微信公众号的文章阅读量过 10 万，在《互联网周刊》发布的一份《2015 年中国网红排行榜》上，papi 的影响力位列第二。

此次 papi 酱获得融资，是中国"网红经济"的一件里程碑式的大事。"网红"早已经不是什么新鲜词汇。

无论国内或国外，网红经济已是大势所趋，而经济来源的核心则取决网红自身的影响力。网红经济的诸多模式同样在持续不断地被挖掘，papi 酱与国内其他许多网红的区别之处在于，她的视频内容并不能够与商品直接对接，因此投资她之后的商业模式更加令人好奇。

但现实是，papi 酱融资看似容易，但复制"网红"模式不易。

在更强调去中心化的移动互联网时代，传统的经纪模式已然失灵了。无论是罗辑思维，还是 papi 酱，这些"互联网明星"，皆是以特长取胜，而他们这些在具备特定天赋的情况下，还需要一定的运气成分的特长是不可被复制模仿的，比如，papi 酱自身具备编辑、表演等条件，而罗振宇则拥有丰富的知识储备。总而言之，他们的独门绝技各具特色，且不具备可复制性。

📁 3 扇新窗让企业更轻松融到资本的钱

既然"网红"模式尚不具备可复制性，不如放眼我国互联网金融市场，聚焦目前已经形成的 3 种典型融资模式——P2P 贷款、众筹和电商小贷。

窗口 1. P2P 贷款

P2P(Peer To Peer Lending)，也可以称之为"人人贷"，是指投资人通过有资质的贷款平台，将资金贷给有借款需求的人。

目前，P2P 贷款主要的业务运作模式：

- 以人人贷为代表的担保模式；

- 以宜信为代表的债券转让模式；

- 以拍拍贷为代表的传统模式；

- 以有利网为代表的平台模式。

企业若想选择一个安全、稳妥的 P2P 平台主要有以下路径，如表 4-8 所示。

表 4-8　企业选择 P2P 平台的注意事项

注意事项	分　　析
看网站	具体要看运营 P2P 网贷平台的公司是否具备完善的开发技术以及强大的金融背景
看资金进出	企业要足够了解 P2P 网贷平台是否具有信用担保这项功能。唯有引入第三方资金托管的平台，才能有效降低 P2P 资金流转过程中的风险

（续表）

注意事项	分　　析
看是否有保障	有个金融界的真理：再大的收益都少于本金。对于资本，也就是投入方来说，保障自己的本金才是最根本的安全需要。如今在国内，众多P2P网贷平台都推出了本金保障计划

窗口2. 众筹

在前面章节我们已经谈到众筹，在此不再赘述。值得一提的是，近几年，由于众筹方式灵活、门槛低，并且企业可以在融资过程中顺便宣传项目，因此，这种融资方式越来越得到企业的青睐。

窗口3. 电商小贷

目前，电商小贷已经成为交易规模最大且发展速度最快的网络融资方式之一。电商小贷是指各大电商企业利用自身拥有的巨量企业真实交易信息数据的优势，搭建起来的网络融资平台，进而为置身其电子商务平台上的一些小微企业提供一定额度的贷款服务。电商小贷这一融资平台能够很好地对贷款企业的实时动态交易信息进行相关监控，这有利于其跟踪这些企业的经营状况、信用等级以及发展动向，从而能够对违约风险起到最大程度的监控和防范作用；另外，电商小贷由于依托网上支付平台来进行转账，更加省时便捷，大幅度提高了融资的效率，降低了融资的成本，因此受到大量小微电子商务企业的青睐。

其他融资：
总有一种方式点亮资本市场

●●●●●
资本物语

融资难就像一种久治不愈的顽疾，更像一场噩梦，困扰着许多年轻的企业。尽管近几年政府的扶持政策层出不穷，但是看似越来越明朗化的事物往往如玻璃门一样，让企业人看得见，却难以进入。无论是风险投资、银行贷款，都让企业热切盼望的眼神在无限的期望中逐渐黯淡。

然而，条条大路通融资，办法总比困难多。

随着我国金融体制的日趋完善、健全，越来越多的融资方法浮出水面。

📁 找到适合企业的融资良方

对于值钱的企业来说，融资难并非一道密不透风的墙。以下是除了天使投资、风险投资、民间投资、互联网融资以外，最常见的几种企业融资方式，做一个有心人，总会发现一种适合企业的融资方式，如图 4-9 所示。

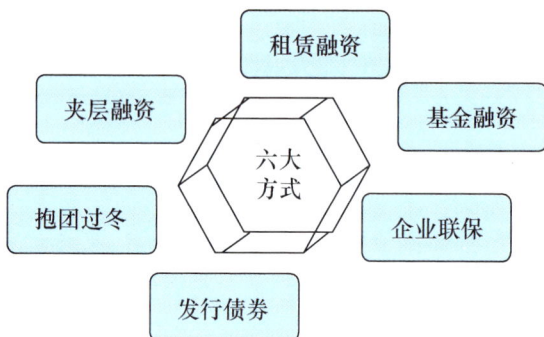

图 4-9　企业的六大融资方式

方式 1. 融资租赁

融资租赁主要是基于中小企业在新购设备方面或是出售设备并回购来获取贷款的一种融资模式，这种模式可以有效推动中小企业对于核心设备的技术更新及产业换代，还可以优化企业财务的结构。

方式 2. 夹层融资

夹层融资这种主要由股权＋债权构成的融资模式可以说是一种新型的融资模式，采用这种模式的融资机构基本都是投资公司或私募股权投资基金公司，此模式可以很好地解决企业在无抵押和不具备其他反担保措施的情形下还能获得急需资金支持这一问题，即企业以让渡给投资方一部分股权，再最终回购股权并付出未来一定比例收益为代价的融资，这种融资模式通常会高于银行融资的成本。

方式 3. 基金融资

基金融资在美国是中小企业能够获得融资的主要渠道，美国中小企业一半的融资资金来源于基金；而在中国，中小企业 90% 以上的融资都来源于银行贷款，中国的基金融资尚在刚刚兴起的阶段。但随着民营资本加速进入基金业，大量的创业投资基金、风险投资基金和产业投资基金也随之设立，同时这些基金也在寻找优质、成长性好的企业。

方式 4. 抱团过冬

抱团过冬是企鹅的生存法则和习性，每当寒流来袭，成千上万的企鹅围成一团，处于中心位置的企鹅轮流、不断地跑向外围，将它们在中心位置所储存的热量传递给外围的企鹅。如此，所有的企鹅才能最终都得以存活。

同样，抱团过冬的融资模式可以有效地整合多种能力、资金、资源，从而获得最大的成效。那些参与抱团的实体，可以相互借鉴和利用彼此的优势及长处，以达到优势互补。客观上，不存在在技术、市场和资源上都完全重合的企业，因此选择与其他企业合作，就有可能获得自己不具备又亟须的资源，并且可以借助他人的跳板跳得更远，飞得更高。

方式 5. 企业联保

所谓企业联保，即数家规模小、缺乏抵押物的小企业凭借相关联的供应链或从事的行业形成彼此间相互的担保，在交纳一定的保证金给银行作为担保之后，以联保小组的形式向银行申请贷款，进而共同获利和共担风险，其组合的多种表现形式如"生意圈联保""老乡联保"和"同行联保"。

方式 6. 发行债券

债券是一种金融契约，是政府、金融机构、工商企业等直接向社会借债筹措资金时，向投资者发行，同时承诺按一定利率支付利息并按约定条件偿还本金的债权债务凭证，债券可以分为政府债券、金融债券和公司债券 3 种。

与企业最为熟悉的那些融资模式相比，债券融资的特点在于可以分流银行金融的风险，还可以提升企业自身的价值。

总之，任何企业在发展过程中都不是孤立的链条，企业发展既离不开优秀的企业领袖、卓越的内部管理，更离不开外部资本的支持，所以，不要小觑任何资源的能量。在关键时刻，看似一次不起眼的外部融资就有可能成为企业的"救命稻草"。

征战资本市场的路还很长，企业要做的就是发动全身的每一根神经，打通融资渠道，拿到救命钱——融资本的钱、增自己的值才是硬道理。

PART5

挣脱价值的镣铐，足够值钱的你终将打通上市之路

上市：
成为值钱的企业的必经之路

● ● ● ● ●
资本物语

每个企业家都想把自己的企业办成拥有"百年基业"的企业。

但现实中，许多企业由于既拿不到国家的拨款，又要在激烈的市场上竞争，最终能坚持十年至十五年的都为数不多。更多时候，企业在本该辉煌的时候就走下坡路了。

在这种情况下，企业就要尝试改变原有的发展机制。

作为企业家，没必要舍不得本该属于你的东西，包括钱——如果你希望企业的未来更好，就要把企业在适当的时候交出去。如果能上市，相信你的企业在未来几年内是相对安全的，至少不管遇到多大的风浪，企业的抵抗能力在渐渐变强，而这也是延续企业生命最有效的方法。

在淘宝还是一家小企业的时候，马云就把上市挂在嘴边。

中国有句古话：取法乎上得乎其中，意思是你的目标是 100 米，最后可能只能跑到 60 米；如果目标是 60 米，大概只能跑到 30 米。

如果企业家的梦想只是解决温饱，那很可能就要蚀本。

既然选择了有风险的资本之路，不妨把企业做得更大、更值钱——"做行业领先者""10 年内让公司上市"，不要因为害怕别人嘲笑你痴人说梦就不敢大胆想象企业辉煌的未来。

只要你敢想，又懂得怎么干，也许就会遇到良机，要知道，资本市场永远有无限的想象空间。

企业样本　**绿地集团借壳上市**

2014 年 3 月 18 日，已经停牌 8 个月的金丰投资[1] 发布

---

[1] 金丰投资：一家以提供房屋置换、房屋租赁等住宅流通服务为主，以住宅开发为辅的上市公司。

公告，绿地集团[1]将借壳金丰投资上市，预估值达 655 亿元。

根据预案，金丰投资本次重大资产重组方案由资产置换和发行股份购买资产两部分组成。

首先，金丰公司以全部资产及负债与上海地产集团持有的绿地集团等额价值的股权进行置换，拟置出资产由上海地产集团或其指定的第三方主体承接，拟置出资产的预估值为 23 亿元。

2014 年 8 月 21 日，绿地集团上市重组取得了实质性进展。

中国证监会依法对其提交的《上海金丰投资股份有限公司发行股份购买资产核准》行政许可申请材料进行了审查，认为该申请材料齐全，符合法定形式，决定对该行政许可申请予以受理。这此次绿地借壳金丰投资，将成为 A 股"史上最大借壳案"，绿地集团完成整体上市后初步估值 900 亿元，整体上市后的绿地集团将成为 A 股地产公司中的又一艘"巨型航母"，其多元化的产业链条在目前房地产行业进入下半场的大环境下优势凸显，估值水平有望超过万科。

据悉，金丰投资目前市值为 44.78 亿元，如此小的壳装下庞大的绿地集团后，很多问题还需要进一步观察。

---

[1] 绿地集团：是中国第一家也是目前（截至 2013 年）唯一一家跻身《财富》世界 500 强的以房地产为主业的企业集团。

📁 **以上市为目标打造值钱的企业**

成为值钱的企业是一个融资—发展—再融资—再发展的过程。

不论是创业企业，还是已有规模的老企业，在市场竞争和金融市场双重变化的环境下，上市是成为值钱的企业的必然之路。

以前，银行一家独大，融资只能依靠银行产品，而现在有更多选择，债权融资会对企业现金流造成巨大的压力，尤其是还没有上市的企业，过大的债务负担会影响其上市。辛辛苦苦做产品做营销，最后变成了天天给银行打工，甚至还可能出现因为债务太多，虽然产品不错却不得不死掉的局面。

依赖银行贷款的主要是大型企业，尤其是重资产多的大型企业，如铁总[1]。

企业样本 铁总重资产缠身接连亏损，上市真有那么难？

这几年中国的高铁成就世人瞩目，但铁总每年的财报都

---

[1]　铁总：中国铁路总公司（简称"铁总"）是经中华人民共和国国务院批准，依据《中华人民共和国全民所有制工业企业法》设立，由中央管理的正部级国有独资企业，注册资金 10360 亿元。

是巨亏，甚至因为负债太多影响整体上市。如果铁总在初期融资时，有多种渠道提前设计，及早上市，相信不会是今天这样的困局。

铁总的重资产主要是建成及在建的铁路，已经运营的路段主营业务十分单一且明确，只要根据上市公司的要求对企业进行改革，裁汰冗员，进一步提高经营效率，就可获得更多的企业效益。京沪、广深是铁总效益相对好的两段，只要经过上市的整合，上市并不困难。

像铁总这样的"上古巨星兽"，是不是值钱的企业？

答案是肯定的。

铁总有世界第一的高铁技术，现在也有相对成熟的运营经验，虽然有大量的债务，但也有巨额重资产，不会出现资不抵债的问题。

但因为铁总过于庞大，整体上市难度大，最好是剥离重资产，优先把优良资产上市，比如广深铁路、京沪高铁等独立设立的公司，这两段是铁总目前最容易上市的企业。之后再将其他地区铁路局分段进行确权，分批上市。先易后难，让中国的高铁公司成为货真价实的值钱的企业。

当然，上市如同打造一家值钱的企业一样，往往没有想象中那么简单。

路径 1. 选择适合企业的上市形式

企业要上市，首先就要选择适合的上市模式，其次，还要研究上市策略，是整体上市、分拆上市、还是借壳上市等，总之一定要立足于企业自身价值的现实，根据实际情况，做出合理选择，如表 5-1 所示。

表 5-1　企业上市的主要形式

形式	分　析
分拆上市	股份公司的股东会把大型企业分拆为股份公司 A 和母公司 B，把优质的资产放在 A 公司，而将劣质资产（一般是与主业无关的、亏损的资产等）放在 B 公司，这就是分拆上市。一家公司 A 将其部分资产、业务或某个子公司改制为股份公司 B 进行上市。分拆后，A 公司的股东虽然在持股比例和绝对持股数量上没有任何变化，但是可以按照持股比例享有被投资企业的净利润分成，而且最为重要的是，子公司分拆上市成功后，母公司将获得超额的投资收益。允许子公司在创业板分拆上市不仅可以为主板上市公司提供良好的投资渠道和退出路径，也会让部分子公司获得更广阔的发展空间
整体上市	成功上市后，A 公司再收购 B 公司，则是整体上市。整体上市适用于正在改制的央企、国企。通过整体上市，集团公司与子公司之间较为复杂的股权关系可以理顺，从而改善集团内部治理结构，减少关联交易，降低信息披露成本，上市后可以充分利用资本市场实现融资的目的，建成现代化大型企业，从而在国际间的企业竞争中争取主动地位

（续表）

形式	分　析
分立上市	分立上市是一分为二的上市模式，对上市公司资产和负债进行分割，将一家原上市公司分立成两家公司并分别独立上市。公司原股东从原来持有一家上市公司的股份的股东随之变成持有新的两家上市公司股份的股东。我国《公司法》等法律法规允许公司分立行为。2010 年，东北高速分立成为中国资本市场第一例分立上市的样本。上市公司分立的经济意义是有利于降低上市公司多元业务之间的负面协同效应，有利于解决历史遗留问题，提高公司治理效率
借壳上市	和买壳上市大同小异，即通过并购已有上市公司、资产置换等方式取得已上市公司的控股权，然后以上市公司增发股票的方式进行融资，从而实现上市的目的。上市公司的上市资格是一种"稀有资源"，需要满足 2 个条件：（1）上市公司的控制权发生变更；（2）上市公司向收购人及其关联人购买的资产总额，占上市公司控制权发生变更的前一个会计年度经审计的合并财务会计报告期末资产总额的比例达到 100% 以上

　　无论哪一种上市形式，其本身并没有好坏高下之分，只有适不适合的差别。

　　上市热潮在升温，但上市企业不可头脑发昏，盲目选择上市板块。

　　每一个企业都有自己的生存方式，同样也有适合自己的上市板块，企业要做的不是抓住最大、形状最好的那块，而是抓住满足融资需求同时又符合上市条件的那块。

从国内上市板块而言，国内资本市场核心板块——国内主板，主要为大型、成熟的企业融资和转让提供服务。需要注意的是，符合上市条件的中小企业，也不能一蹴而就在短时间内全部上市，还需要根据市场的承受能力进行安排，毕竟市场容量相对有限。可以肯定的是，从小到大，从不完善到完善，国内创业板的开辟与发展，给中小企业融资带来的希望只会越来越大。

路径 2. 选择适合企业上市的地区

不同地区的资本市场，其上市条件各有不同，企业可根据自身条件进行选择，如表 5-2 所示。国内上市要求将在后文中详细说明，以下是除国内以外的常见上市地区。

表 5-2　不同地区的不同上市条件

上市条件	地区	
	新加坡	美国
当地证监会监管力度	强	极强
对企业品牌的号召力	较强	较强
变现能力	强	很强
股价上行空间	一般	大
对内地企业欢迎程度	较好	较好
上市要求	较为严格	相对宽松

综合来看，企业应该在弄清楚自己的真实需求后，综合评估上市条件、上市时间、上市风险、上市股票定价风险、上市监管、融资额与再融资等问题，全面权衡之后选择最适合自己的上市地区。

路径 3. 确定需要融资的金额

上市融资是企业的生命线，贯穿于企业的整个生命轨迹中。

一家值钱的企业，从一开始就要做好上市融资规划。

在第一轮融资中，首先要解决从现阶段到产品上线、第一步订单、新品上市、盈亏平衡需要多长时间，需要多少钱，做一个详细的规划和预算，最好用一年到一年半的营运成本来估算，因为在这一年半里，企业很可能没有营收。

另外，上市融资的过程也是股权稀释的过程，融资当然不能超过 50%，这样就失去了意义，40% 也很危险，要为下一轮的融资留出空间。

每一轮融资创业者的股权大概可以被稀释 10% ~ 30%。大部分时候投资人并不爱控股，资本的投资逻辑大多是希望通过一家企业的成长来赚钱，而不会主动跟创业者抢活干。尽管如此，企业也要做好股权设计，保持对企业的控制权，这点大家可以参阅前面的章节。

路径 4.制定严谨规范的报表

对于资本来说，比起你天花乱坠般的吹嘘，他们更相信真实的数据。因此，严谨规范的报表也是企业成功上市的必要条件。中国的企业，往往忽视会计工作。比如，很多中小企业的报表存在以下问题：

- 报表时间短；

- 资产、收入、利润规模太小，不符合要求；

- 资产和负债结构不合理，资产负债率过高；

- 报表不实，大多数企业报表"明亏实赢"；

- 报表没有合并，很多企业实际上建立了母子企业运营体系，但没有合并报表；

- 报表科目核算内容不规范，名不副实等。

总之，企业应该让资本从报表中看出企业值钱在哪里，未来的利好在哪里，发展潜在的风险是什么，等等。

上市并非不败神话，但你可以创造性地通过上市改变命运

●●●●●
资本物语

百度赴美上市，就连企业的前台小姐也成为百万富翁。

阿里巴巴上市，更是批量制造出了数以万计的千万富翁。

在许多企业家的眼中，上市如同一条"富翁生产线"。通过上市，企业资产在一夜之间翻倍增值，持股的企业管理层和员工也随之身价暴涨。

当然，也有企业没有清晰的思路或上市的准备，由于种种原因，上市后又选择退市，例如聚美优品以 22 美元上市最终以 7 美元退市。

可见，上市并非不败神话，它是企业通往资本市场的路径之一。

不管怎样，你可以创造性地通过上市改变命运。

在美国 500 强企业中，95% 的企业都是上市公司。

关于上市，马云有这样一番见解："对阿里巴巴集团来讲，今天只是新的开始，我们要走的路还很远很长。上市是个加油站，上市的目的是为了加油后能够走得更远。"足见，马云对上市的理解，冷静客观并目光长远。

的确，企业上市之后，通过发行股票募集而筹集资金，富翁的诞生只是上市的一种衍生品，募股资金能够为企业发展带来更充足的资金。

很多人误以为缺钱的企业才不得不选择上市，而不缺钱的企业根本没有必要上市。其实不然，企业上市后会给自身带来极大的好处。

- 上市凸显了企业成就，令企业的未来取得跳跃性发展。

- 随着企业上市，其会逐渐变成受社会关注的公众企业，加之接受监管当局严格的监管，因此，在企业治理方面会更加规范。

- 上市意味着获得了直接融资渠道，企业通过资本融资，降低了融资成本，从而促进企业的更快发展。

- 上市为企业股东套现提供了更多机会，也令风险资本的退出更有保障，从而更容易吸引风险投资者注资。

● 企业价值通过市场来确定，上市为企业和股东创造更多财富。

● 企业上市后通常会给一部分员工股份，而员工的股份有了价值，会使其工作更积极。

● 上市公司的信用度较高，这样可以增加资本机构对企业的信任，降低企业融资成本。

● 企业通过上市集资为自身带来更多发展资金；

● 上市可以增强公司知名度，使公司形象大为改善；同时增加信誉度与竞争力，从而使企业更容易获得社会的信任。

● 上市可以降低企业控股权比例，使原股东向其他投资者转移企业的运营风险。

● 上市企业更容易用股份收购其他企业，进行资本运作，获得更多机会。

📁 上市或许能够改变企业命运，但上市不只是为了圈钱

上市融资而来的资金，为企业发展添足了马力。但上市并非只是为了"圈钱"。对很多企业来说，从银行贷款并没有想象中难，所以选择上市也不是单纯奔着钱而来，更多是为了自我增值，改变命运，让企业有更好的发展和未来。

企业样本1 重庆物业公司天骄爱生活挂牌新三板

2016 年 2 月 18 日，重庆天骄爱生活服务股份有限公司在全国中小企业股份转让中心（新三板）正式挂牌上市，成为全国第七家挂牌新三板的物业管理公司。

天骄爱生活物业前身是重庆天骄物业管理服务有限公司，成立于 1999 年，注册资本 2409.64 万元，注册地址为重庆市渝中区新华路，是创办于 1994 年的协信控股集团的子公司。协信控股总部设于重庆，是一家以房地产开发为主导产业的大型企业集团。房地产以重资产为主，为了登陆新三板，其旗下物业公司在 2015 年 8 月完成股改，天骄爱生活（天骄股份），主业为物业租赁及物业管理服务，是轻资产企业。

截至 2015 年 6 月 30 日，天骄股份承接委托服务的合同项目 55 个，覆盖全国 9 个城市；合同管理面积 1147 万平方米，其中住宅面积逾 900 万平方米，包括重庆总部企业基地、协信天骄城、协信城、协信公馆、协信阿卡迪亚、无锡协信中心等。经营业绩方面，2013 年、2014 年及 2015 年上半年，天骄股份分别实现营业收入 1.25 亿元、1.83 亿元、1.21 亿元；净利润分别为 330.17 万元、714.34

万元、1287.89 万元；毛利率 21.88%、23.59%、27.82%。

天骄股份在新三板披露的转让说明书中指出：公司共有全资子公司 4 家，控股子公司 2 家，分公司 11 家。在上述 17 家子公司、分公司中，除恒捷源主要业务为设备维护保养、工程维修，天骄汽车主要负责汽车后市场服务外，其他公司成立的目的均为服务不同区域或项目的客户。

协信地产分拆物业上市的做法，并不是房地产公司拆分物业公司上市的第一例。2014 年，彩生活[1]在港交所上市后，为物管公司开辟了上市的先例。国内的物业公司纷纷选择登陆新三板，之所以选择新三板，因为新三板相较 IPO，门槛低了很多，并对企业净利润、营业收入或现金流等财务指标无硬性要求，能解决中小企业融资难的问题。

企业样本 2 **新东方也没能阻止学而思上市、壮大**

提到中国知名的教育集团，大家很容易联想到新东方，该集团成立于 1993 年，上市于 2000 ~ 2002 年，后来在上海、广州、武汉、天津、西安、南京等地相继设立新东

---

[1] 彩生活：花样年集团旗下彩生活服务集团有限公司。花样年集团起步于 1998 年，总部设立于深圳，为中国领先的以金融为驱动、服务为平台、开发为工具的金融控股集团。

方学校。2006 年新东方在美国上市。除了上市，俞敏洪校长的"励志演讲"也激励了一代又一代大学生。

然而，新东方并非没有对手。

2002 年，北大在校生张邦鑫开始从事家教行业。

2003 年 8 月，张邦鑫与同窗好友曹允东一起创立了学而思。

2005 年，学而思销售额高达 1000 万元，定位以奥数为主，砍掉语文和英语两门课程。

2009 年学而思获得老虎基金[1]4000 万美元融资；

2010 年 10 月 20 日，学而思正式登陆纽约证券交易所挂牌交易，成为"国内首家在美国上市的中小幼教育培训机构"。

学而思发明了"小升初培优""互联网营销""奥数教研"等新理念，并将新模式、新商业发扬光大，改变了中国传统的中小学培训行业，更通过一系列创新，最终成功上市，改变了自己的命运。

在常人眼里，教育基本不太靠"烧钱"来发展。但在线教育可能是个例外，因为它有电商的属性——流量很贵，传统教育企业想依托互联网谋发展，就需要通过资本化的

---

[1]　老虎基金：Tiger Fund，由朱利安·罗伯逊（Julian Robertson）创立于 1980 年的老虎基金是举世闻名的对冲基金。

融资实现转型。

上市虽然能为值钱的企业铺就一条更为宽广的金色之路，但宽广的路途也不是一马平川。在上市过程中，企业会发现许多原来未曾注意到的问题，一个企业从默默无闻到要拿掉自己身上的"遮羞布"，呈现在大众面前，这对任何一个企业而言，都是一个充满考验的过程，如凤凰涅槃的进化般痛苦。

对一些企业而言，若不缺钱，或许就不会选择"自讨苦吃"，但对值钱的企业而言，这恰恰是一种自我淬炼，是转变为值钱企业的必经之路。

企业样本 3　新浪开创的"VIE[1]上市模式"

2000 年，新浪通过 VIE 架构，成功在美国纳斯达克上市，之后，国内互联网公司纷纷效仿，陆续实现海外上市，因此 VIE 模式被称为新浪模式。

当时中国法律禁止外国投资者介入电信运营和电信增值服务，但企业要上市，怎么办？

新浪走了一条"曲线救国"的路线。

---

[1] VIE：英文 Variable Interest Entity 的简称，翻译为可变利益实体，指投资企业持有具有控制性的利益，但该利益并非来自于多数表决权，所以它也被称为协议控制。

新浪先在国内成立北京新浪互联信息服务有限公司，由北京新浪互联信息服务有限公司申请 ICP 牌照。之后在开曼群岛成立离岸公司 A，与投资人一起控股离岸公司 B，通过投资离岸 B 控股公司来控制设在中国境内的技术服务公司新浪，并由该技术服务公司通过独家服务合作协议和一系列其他协议来实际控制境内的北京新浪互联信息服务有限公司。

这就是 VIE 架构在中国的最初运用，新浪首次通过 VIE 架构成功上市后，网易、搜狐等众多互联网公司也相继采用这种 VIE 架构在美国成功上市。

企业样本 4　温州某企业通过上市将企业做大做强

温州某企业，产品主要为高分子涂布。与传统建材相比，高分子涂布在性能、造型等方面优势突出。据调研，国内市场对于高分子涂布约有 160 亿元的需求，但目前国内能生产这种商品的企业为数不多。温州的该企业是其中规模最大的一家，但它的产值也仅有 7 亿元左右，国内大部分市场都被进口产品占据了。

在这样的市场背景下，该公司的涂布产品销售前景可观，但史总经理仍有一种危机感，他总说："尽管现在的日子还比较好过，但是如果公司的技术和规模不能在短时间内实现大的突破的话,这种好时光是不可能长久的。""对于我们来说,能在创业板上市,能募集到资金扩大产能,同时对技术进行升级,是我们迫切希望的。"

冲动是魔鬼,上市不仅仅是出于资本市场的财富效应(毕竟上市也需要付出高成本,不是拿出一笔钱和得到一笔更多的钱这样简单),**上市真正的动机是——将企业做大做强**。正如报喜鸟集团董事长吴志泽所言:"**上市之后,我们才清楚地意识到,企业地位在无形之中提升了不少。**"

🗁 境内还是境外——选择一条适合自己的上市之路

由于国家政策限制,我国企业上市的方式主要分为境内上市和境外上市两种。至于选择哪一种则要根据企业自身的情况而定。

值得一提的是,随着我国各项扶持政策的出台与落地,企业没有必要一味地"崇洋媚外",选择海外上市。

国内上市与海外上市,其区别就好比是国内机场与国际机场。

当你在国内机场登机,一切都是熟悉的,包括熟悉的环境、熟悉的语言、熟悉的安检流程;而当你突然到了国际机场,所有标志瞬间都变成了全英文的,面临的环境和安全检查的要求全都不一样了,甚至使用的钱也成了外币,倘若没有十足的准备，徒有念头是难以顺利走出国门的。

因此，每个企业都应当根据自身的条件来选择适合自己的上市方式。

例如，一家生产茶叶的企业，相比之下，赢利存在较大不确定因素，在大陆较难上市，那么，在香港选择上市就比较适合，毕竟香港的市场也比较熟悉茶文化。

再比如，一家矿业企业，若选择在国内上市，恐怕会遭遇环保核查等问题，通过上市审核就很难，那么就可以选择境外上市。相对而言，在国外收购矿业企业，矿的品质和价格都更有吸引力。

还有极为少数的企业选择在比较冷门的海外市场上市，如韩国、德国市场等。

在这些国家上市最大的难题是，其官方语言不是英文，无形中增加了上市的沟通成本。

但这也取决于企业自身的条件和态度，如果企业上市的目标是迅速融到一笔钱，所在的行业又是比较受当地市场和投资者欢迎的，那么就可以先上市再说。

上市只是撬开命运之门的第一步，是企业为了取得进入资本市场的门票而做出的行动，上市只是一个起点，而非终点。

企业上市后，在资本市场的舞台就大有可为了。例如一家食品企业先后在新加坡、中国香港上市，在提高估值的同时，企业也实现了"自我增值"。

选择归选择，境内外的上市流程企业要提前读懂，如图 5-1 所示。

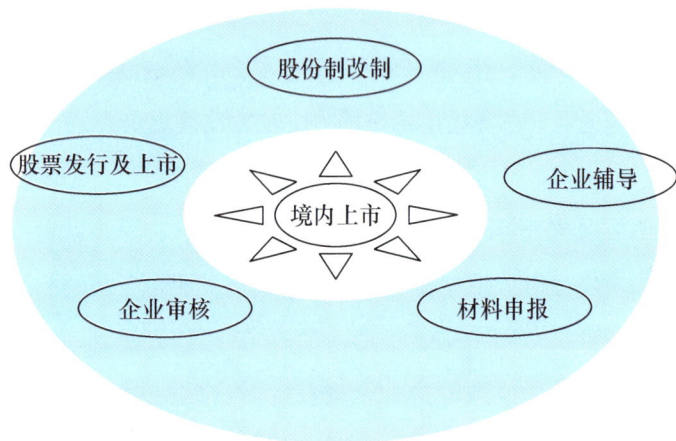

图 5-1　企业境内上市要经历的 5 个阶段

1. 境内上市

如上图所示，我国企业上市通常要经历股份制改制、辅导、申报、审核与股票发行及上市 5 个阶段。

阶段 1. 企业改制

企业首先要确定券商，在券商的协助下尽早选定其他中介机构。股份改制所涉及的主要中介机构有：证券公司、会计师事务所、资产评估机构、土地评估机构、律师事务所各有关机构。

阶段 2. 企业辅导

辅导期限一年，辅导内容主要包括表 5-3 所示的几个方面。

表 5-3 企业辅导阶段的主要内容

辅导工作	具体内容
合法性、有效性	股份有限公司设立及其历次演变的合法性、有效性
完整性	股份有限公司人事、财务、资产及供、产、销系统独立完整性
相关培训	对公司高层进行相关法律法规的培训
规范运作	建立健全组织机构，并实现规范运作
建立制度	依照股份公司会计制度建立健全公司财务会计制度；建立健全公司决策制度和内部控制制度；建立健全符合上市公司要求的信息披露制度
规范管理	规范股份公司和控股股东及其他关联方的关系；确定股东持股变动情况是否合规

阶段 3. 材料申报

企业应根据当前的法律法规政策，准备好相应的上市材料，做好申报工作。

阶段 4. 企业审核

审核费为人民币 3 万元，由证监会负责受理。证监会对发行人申请文件的合规性进行初审，在 30 日内将初审意见函告发行人及其主承销商。发行审核委员会审核之后，由证监会进一步审核，并在受理申请文件后 60 日内，将初审报告和申请文件提交发行审核委员会审核。

阶段 5. 股票发行及上市

发行审核委员会核准通过后，即可取得中国证监会同意发行的批文。之后便是刊登招股说明书，通过媒体做巡回路演，按照发行方案发行股票。刊登上市公告书，在交易所安排下完成挂牌上市交易，基本要求如表 5-4 所示。

表 5-4　企业发行股票的基本要求

基本要求	具体内容
公开发行	股票经国务院证券管理部门核准已公开发行
股本总额	公司股本总额不少于人民币 3000 万元；股本总额超过 4 亿元的，公开发行的比例为 10% 以上
占股比例	公开发行的股份占公司股份总数的 25% 以上
真实合法	公司在最近三年内无重大违法行为，财务会计报告无虚假记载

目前，在我国境内上市主要有三大路径：主板、创业板、新三板，具体上市指标和硬性规定见表5-5。

表5-5　在我国境内上市的主要路径及具体要求

指标	全国股份转让系统（新三板）	主板、中小板	创业板	
			标准一	标准二
净利润	无硬性财务指标要求	净利润最近三年为正，且累计超过3000万元；最近一期不存在未弥补亏损	最近两年连续赢利，最近两年净利润累计不少于1000万元，且持续增长	最近一年赢利，且净利润不少于500万元
营业收入或现金流	无硬性财务指标要求，主营业务明确	最近三年营业收入累计超过3亿元，或最近三年经营现金流量净额累计超过5000万元	无硬性财务指标要求	最近一年营业收入不少于5000万元，最近两年营业收入增长率不低于30%
股本要求	挂牌前股本不低于500万股	发行后总股本不低于5000万股	发行后总股本不低于3000万股	

（续表）

指标	全国股份转让系统（新三板）	主板、中小板	创业板	
			标准一	标准二
资产要求	无硬性财务指标要求，具有两年持续经营记录	最近一期末无形资产（扣除土地使用权、水面养殖权和采矿权等后）占净资产比例不高于20%	最近一期末净资产不少于2000万元	

此外，对于准备上市的企业来说，必须有一个专门的机构负责有关上市事项，一般由公司董事长牵头，公司高管和各部门负责人参与协调。外部参与的合作机构包括上市保荐人、律师事务所、会计师事务所和资产评估事务所等，其中上市保荐人和律师事务所尤为重要。企业对于上市相关法律法规也要有所了解。

2. 境外上市

中国许多互联网企业在境外上市，有特殊的历史原因。相比国内股市，海外股市运作效率要高得多，在中国香港、新加坡，只要一年左右即可完成发行上市的运作计划。

　　当然，境外资本市场的融资费用要高于国内上市，其中包括交易所费用、中介费用、推广辅助费用等。融资费用占融资总额的比例在不同市场之间差别很大，从 5% ~ 20% 不等。但国内企业上市的隐性成本也很高，上市的时间长且不确定因素多。

　　境外上市有直接上市、间接上市、境外买壳上市、国内 A 股上市公司境外分拆上市、买壳上市、借壳上市等方式。

　　中国企业要在海外上市需要经历的基本步骤如表 5-6 所示。

表 5-6　在我国境外上市的基本步骤

基本步骤	具体内容
企业改制	即要把企业改造为合乎公司法规定的股份制公司
组建团队	组成上市筹备团队，由董事长领头包括公司高管及证券商、会计师、资产评估师、金融界人士、公关宣传专家等专业人士
宣传工作	由会计师审查公司账目，全面调查企业情况
写说明书	这些准备工作做好后，写招股说明书，向中国证监会提出海外上市申请
申请上市	向海外证券管理机构申请批准上市，同时与券商签定承销协议
推销股票	向基金管理公司、保险公司等机构推销股票。与国内上市一样，选对中介机构特别重要

总之，企业在决定国内上市或海外上市时，应根据自己企业的特点以及融资的迫切程度来决定，走一条属于自己的资本之路！

洞察：
好风凭借力，选对资本风口

资本物语

小米 CEO 雷军有句名言："站在资本的风口上，猪都能飞上天。"

这句话对创业者与投资人同样适用。企业要成功很重要的一点就是选对市场、找对方向，用现在更流行的说法就是站在"风口"。

国家推出的一系列优惠政策，将上市企业推到了风口浪尖。优惠政策好比是中小企业的助推器，能够激活企业，让企业在资本道路上走得更远，

然而，政策的橄榄枝毕竟有限，任何企业都不能仅仅依靠政策发展，任何人也不是为享受政策而发展企业，最

终还要看准未来市场机遇，立足自身现实，并适时地借力政策为企业发展服务。

国家政策只是外因，要想成功上市，就要看懂在新经济环境下，未来市场的发展风向，这样才能在日后上市之时选对资本的风口。

企业样本 1   背靠亿万球迷成功融资的懂球帝

足球是全球第一运动，我国国家足球队有数量庞大的球迷，懂球帝应运而生。懂球帝成立于 2013 年下半年，是一款基于移动端的，发布足球资讯、视频和社交的应用。以足球资讯切入足球市场的初创 O2O 企业并不少见。

懂球帝首先以优质内容聚合深度用户，用户聚合后会在社群里产生社交、互动，懂球帝从中得到反馈；同时，平台会根据新需求变革新产品和内容，以吸引更多的球迷用户，不断做大增量市场。如此循环，构建了懂球帝的产品生态圈。2014 年 5 月懂球帝获得来自红杉资本数百万美元的 A 轮融资，现在，懂球帝又完成千万级美元的 B 轮融资，占股 20%，懂球帝最新估值约为 5000 万美元。

企业样本 2 看懂风向、不断增值的乐视体育[1]

体育产业是国家大力扶植的项目，与之相关的行业是未来几年的投资热点。

C 轮融资上亿元的章鱼 TV，是一个体育节目直播中主播和网友弹幕互动的产品。

动吧体育获得 3000 万元 A 轮融资，黄健翔是创始人之一，该产品以青少年足球培训为切入点，线上约足球教练，线下培训。

中国搏击赛事昆仑决，A+ 轮融资超过千万美元，且后面又得到了几百万美元的战略性投资……

而乐视体育等早期就做布局的综合型集团，不断刷新融资数字，刺激着资本市场。

最近乐视体育融资 70 亿元估值到 205 亿元。乐视体育之所以这么值钱，是因为其整合了体育产业方方面面的资源，既能做视频直播、又能组织赛事运营，不仅拥有 280 多项 10000 多场赛事版权、还能做智能硬件。作为全产业链体育生态企业，乐视体育当然很值钱。

---

[1] 乐视体育：即乐视网体育频道，于 2012 年 8 月上线，为用户提供足球、篮球、网球、高尔夫等赛事的直播、点播和资讯的视频服务。2016 年 4 月 12 日消息称，乐视体育正式宣布获 80 亿元 B 轮融资，公司估值约 215 亿元。

此外，乐视体育正在布局 VR 生态，游戏以及沉浸式体验都是其正在做的，这也为乐视体育的估值增加了更多筹码。

从商业模式角度看，乐视体育所跨越的是赛事内容、硬件端以及文化等多个领域，而这些领域无一不是未来高科技产业中的"值钱项目"。乐视借着未来的风向，将原本各产业链上的环节打散重组，使其演变成一个新的生态体系，从而将更多的行业与企业带进来，实现多产业多行业的跨界与融合。

从企业价值的角度而言，乐视体育的潜在价值在于其背后连接的两大与民生紧密相关的领域——大健康与文化产业，这两大产业都是互联网＋时代里最受关注和最具发展潜力的产业之一。

乐视看到，与体育相关的健身、健康与医疗都是万亿级以上的市场。体育赛事可以产生很多商机，赛事直播、明星互动等都是体育迷所关注的，可以衍生出电影、游戏、综艺等系列内容。乐视体育目前拥有中超等多个超级赛事转播权，其价值是不言而喻的。

📁 捕捉未来风向好借力，洞察资本先机谋未来

洞察未来资本市场的发展趋势是企业估值的重要一

环,捕捉到新风向、发现新商机,成就一个好的商业模式,甚至可以引领一个时代,例如淘宝。"互联网+"就是当前大热的一个风向。通过"互联网+"改造升级传统行业被越来越多资本所认同。一般来说,这种改造多用于资本渠道的铺设。这也是传统行业用以弥补自身扩张性的方法。只有这样,企业的成长性才会更高。

在当前"互联网+"的时代背景下放眼未来,资本市场的风口将主要集中在以下几个领域。

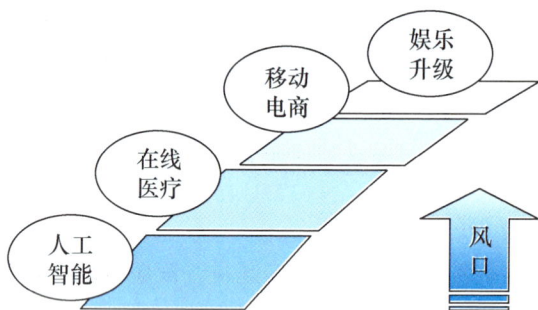

图 5-2　未来资本市场的产业风口

风口 1. 人工智能

2016 年开年人工智能就给傲慢的人类上了一课。

谷歌开发的阿尔法狗战胜职业顶尖棋手李世石,一时之间,人工智能行业成为投创大热,根据 IDG 的调研,实现人工智能的三大条件已经满足：第一，硬件。不论是芯片、系统，还是存储，硬件已经达到了基本的要求。第二，人才。各个学校都把机器学习等人工智能课程作为基础必修课，这个领域已经积累了足够多的人才储备。第三，大数据。现在从民用到企业都积累了足够多的数据，使数据分析成为可能。

风口 2. 在线医疗

医疗一直是大热门，并且将持续热下去。医疗设备与器械、医疗服务都与人们生活息息相关，随着中国人对生活质量的追求越来越高，其对健康的重视程度也越来越高。陆续获得投资的爱康网和慈济体检等企业就是例子。由于生物医药研发周期长，投入大，中国产业化机制不健全等原因，拥有美国背景很有经验的 VC 最后投在了医疗器械和服务上，而这些也将在互联网技术的带动下持续迭代。

风口 3. 移动电商

如果把 PC 电商叫作垂直品类的电商，那么移动电商本身就是一个垂直人群的电商，它是跨品类的。移动电商刚开始只是比较粗放型的微商，很快升级为网红电商，再进化成类似于社群电商的形态。归结起来，微商背后是个人，网红电商是以个人为中心的组织，再到后来就是去个人化的模式。"移动电商"是模式问题，"消费升级"和"新生活方式"则是趋势问题。

风口 4. 娱乐升级

文娱、体育成为热点，连"高冷"的豆瓣都能拿到风投，大众文化与小众文化的区别只在于市场细分做得怎么样，只要有一定规模数量的"死忠粉"，就有机会。如今，娱乐已迎来消费升级。移动端的新渠道、新媒体的制作方式，使得那些原本需要大量的资金才能拍电视剧、电影的年轻有才华的制作人，如今都能得到崭露头角的机会。体育产业是国家重点扶持的方向，我国体育产业发展较慢，虽然有出色的运动员及辉煌的战绩，但缺乏推广与专业化的运营，因此，体育产业只占国民生产总值的 0.6%，未来这一块大有可为。

除此之外，与日常消费相关的行业也已经有了很多的投资案例，典型的是橡果国际、一茶一坐、运动 100 等。用一句经典的话来总结就是，无论卖什么，只要 1×13 亿的基数，就是一个有着无限成长力的企业。这似乎也是中国孕育了如此多高成长行业的根本原因。

准备：
上市前的资本修炼

● ● ● ● ●
资本物语

　　企业想要变得值钱，进入资本市场是一门必修课。一方面，资本市场能够帮助企业实现技术与资本的有效对接，促进高新技术产业和创新型企业快速发展；另一方面，资本方还能促进企业优化升级、帮助企业实现经济转型。因此，第一时间抓住资本市场机遇，关键时刻做出正确选择，上市之前做好充分准备，对大多数企业而言非常重要。

　　企业欲上市，一般需要经过 3 个阶段：

- 上市前的修炼（准备工作）；

- 上市申报；

- 上市发行。

　　在上述 3 个阶段中，上市前的准备工作是重中之重。从某种角度而言，这一阶段"修炼"得如何将是决定企业上市成功与否的关键。

　　企业上市前的"修炼"主要包括 2 个方面——心理准备和实务准备。

📁 修炼一：心理准备

　　世界上没有绝望的处境，只有没有做好心理准备，对处境感到绝望的人。

　　企业要想上市，决策层、管理层首先要做好充分的心理准备。

　　心理准备主要包括以下 4 个方面，如表 5-7 所示。

表 5-7　企业上市前的心理准备

准备	分　析
志向、决心、信心	当企业具备各方面发展良好，业绩持续稳定增长，所处行业健康发展等条件后，企业应建立起上市的信心和决心。决策层坚定不移的上市决心以及充分的上市信心，是一家企业上市工程得以顺利进行的最根本保障
战略眼光	决策层必须对企业自身的成长与发展有一个清晰的长远目标，深刻认真地分析企业现有的、各方面的资源和条件，权衡利弊之后，进行合理规划，抓住企业成长的最佳时机，结合企业自身特点来选择最合适的资本市场，尽量以最经济、最有效的方式在资本市场发行股票、募集资金，从而壮大企业的实力

（续表）

准备	分　析
承受风险的能力	在企业上市的审批过程中，并非每一个企业都能够圆满、顺利地通过审批如期上市，因此，企业还必须做好上市不成功的心理准备，并且对上市准备过程和上市申报阶段的成本费用具备一定的承受能力。境外上市采取的是注册制而非审批制，如果方法得当可以做到时间、成本、风险三方面可控
上市基本知识	企业的大股东和高管人员在上市前要参加有关上市的基本知识的培训，认真参照我国 A 股资本市场相应板块对企业上市各个方面的条件要求来对比本企业的基本情况，再以具发展性的眼光进行深度分析，判断本企业是否能够通过努力具备上市的基本条件，与此同时，要对成功上市所需花费的成本和上市能够给本企业带来的利益进行全方位对比，以此判断企业是否应该上市

修炼二：实务准备

上市前的实务准备主要包括企业的组织、业绩、财务会计、制度建设等几方面的准备，如表 5-8 所示。

表 5-8　企业上市前的实务准备

准备	分　析
组织准备	上市工作纷繁复杂，其涉及面广泛，工作量巨大，周期较长，通常需要持续 2～3 年，并且必须为这项工作调配专业的人才，组建专门的组织机构

（续表）

准 备	分 析	
业绩准备	企业业绩的好与坏是决定其上市能否成功的关键因素，企业若想成功上市，在业绩方面必须有精细的筹划	拟上市企业的主营业务必须突出，企业唯有主业突出才能具有获准上市的希望
		企业上市的一个主要指标就是企业的经营规模，拟上市企业应根据自身所经营产品在市场的占有情况来合理规划经营规模
		企业上市的关键指标是企业的赢利能力。而企业的赢利能力通常主要是指企业主营业务的赢利能力
财务会计准备	企业在财务管理、会计核算以及涉税事项的处理方面都必须规范，这也是企业能否成功上市的重要的条件	
制度建设准备	若要成功上市，企业必须在多个方面规范运作，通常来讲拟上市企业要想建立完善的制度体系，需从组织体系、人力资源管理体系、行政管理体系、财务管理体系、市场营销管理体系、下属机构管理体系等着手	

总之，既然选择了上市，就要做好万全准备，打一场有准备之仗！

征途：
上市后的企业运作

●●●●●
资本物语

　　企业健康快速发展的一条有效途径就是通过资本市场上市融资。但是，企业上市成功后的工作绝对是一项高度专业且复杂的系统性工程，因此，众多企业都迫切需要一个可以化繁为简、专业权威、通俗易懂，能为企业传递充足正能量的上市后运作指南。

　　处于生存、发展期的企业，经常会听到一个词——上市。而没有上市的企业，大多也是奔着上市的目标而去的。然而，很多企业人忽略了一个重要的问题是：上市以后呢？

　　上市以后究竟该干点什么？

　　很多企业人感到茫然。

　　上市企业人样本 1：Jason（化名，下同）

　　Jason 的企业经营状况一般，他很想打造出自己的品牌然后上市，但是上市以后要做什么，并没有想清楚，只知道上市以后会有更多的钱。

上市企业人样本 2：Karen

Karen 说："上市后该干什么还做什么，我该怎么经营就怎么经营，企业当然还要做好，至于股市，不管赢亏，先做好自己再说。"

上市企业人样本 3：Wendy

Wendy 说："我们这些上市公司，基本都是靠炒作出来的，公司的股价一直不稳定，甚至随时都会倒闭。风投在连续 4 轮之后共投入了一亿美元，公司在美国也上市了，却还没找到赢利模式……"

显然，上述几个企业人对于公司上市后的问题一片茫然，还有一些企业人，每天喊着上市却不作为，其实都是经营思路并不清晰的表现。

以下的例子，或许会使企业容易明白上市后究竟要干什么。

企业样本 **阿里上市后踏上新的征程**

阿里巴巴上市前、路演时投资者排队，上市后其拥有高达 2000 亿美元的估值，所有这一切，无疑均将其推向了巅峰。

很多散户投资者纠结和困扰于阿里的股票到底该不该

买这个问题。曾有媒体专门通过微信就这一问题展开民意调查，以图了解人们的投资意愿。然而要解答这一问题，无论如何绕不开另一个问题——阿里巴巴在未来的成长性。

阿里巴巴通过淘宝、天猫和聚划算等旗下产业展现给资本市场的表演其实并不新奇。但毋庸置疑的是，从披露出来的各项数据来看，遥遥领先仍然是阿里电商业务的注脚，并且这种格局短时间内也毫无意外地不可能发生改变。

当然，如今电商市场正在发生的变化也是不可忽视的。京东、唯品会、聚美优品等电商平台的悄然崛起，正在渐渐打破阿里巴巴在电商领域"吃独食"的格局。同时，随着移动互联网时代的不断深化发展，各个物种在移动电商生态之中，也正在发生着变化，而阿里巴巴是否能在这种变化下，维持一如既往的高速增长和领域内的唯我独尊？

在新领域，尽管阿里面临着包括百度、腾讯和搜狗在地图、搜索方面的种种挑战，但综合来看，无论是对移动互联网商业化的探索程度，还是传统电商行业对线下零售行业的渗透程度，抑或是O2O模式对线下商业的改造程度，百度等企业目前水平均不够高，可见未来阿里在这些新领域内市场空间依然巨大。

📁 企业上市后，"创造利润"与"创造成长价值"同等重要

无论当时阿里巴巴上市之后处于多高的巅峰，如今旧时代都已经终结，而等待它的是一个硝烟弥漫的新时代。企业在上市后，更应关注"未来可持续成长性"，而不是抱着坐等分红的心态安然度日。

一般来说，企业"未来可持续"发展的主要方向是在基于自身核心能力的前提下实现全球规模和国际化经营。

那么，企业在上市后该如何构建自己的核心能力以应对未来的挑战？这也是绝大多数企业正在面临的挑战。要在长时间内保持较高的"未来可持续成长性"，企业需要通过如图 5-3 所示的五种能力，在成长的过程中不断创造价值。

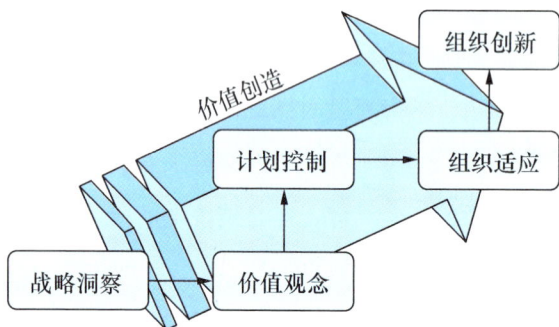

图 5-3 企业进行价值创造的五种能力提升

能力 1. 战略洞察

战略洞察这一能力完全可以决定一家企业是否能够成为"百年老店"。一家企业的战略管理能力高低，深切关系到其对未来的提前预判。具备"未来可持续成长性"的企业在这方面都存在普遍的突出特点：企业制定战略必定是在严密分析外部环境以及企业能力后做出的慎重选择；企业制定和执行战略能够动态地运行，且有严密的管理体系作为保障；企业战略一经制定，在 3 ~ 5 年乃至更长的时间内都保持相对的稳定，并能够将其贯彻到企业经营决策的指导当中。

一些企业上市后，在战略管理能力这一方面会存在下述问题：战略的制定缺乏科学有效的分析，对企业自身能力以及环境的变化预计不足，导致在环境的快速变化下做不出有效的战略对策；企业战略的制定过多体现了领导的主观意图，对战略的描述与其他企业存在诸多雷同，战略实施的方法十分匮乏，战略目标往往与战略实施脱节，战略目标又时常与经营决策产生偏差和背离，导致企业战略经常变化，甚至成为空谈。

能力 2. 价值观念

对不同的企业而言，价值观实际上是一种既抽象又具体的企业间核心差距。具备"未来可持续成长性"的企业在企业价值观方面普遍具备 2 个突出特征：企业价值观作为企业核心的行为规范，用以直接指导、决定企业的决策和日常经营等行为，并引导企业和员工的行为；企业价值观得到企业长期的尊重，以及在经营中长期被坚守，不会随领导者的变动而任意改变。

而许多企业在上市后，其价值观的体现，却仅仅停留在口号、板报等形式上，价值观描述得极尽绚丽，但对企业的行为几乎无任何实际指导意义，甚至企业日常的具体实践与价值观完全背离；还有很多企业的价值观"包罗万象"，随着各任领导者不同的偏好，企业价值观频繁变动。

能力 3. 计划控制

进入战略实施阶段，企业需要足够强大的管理体系来保障企业经营和发展目标得以实现。具备"未来可持续成长性"的企业在计划控制方面，都具备一些共性特征：企业内能够有效地将战略目标分解和传导，再层层逐级落实到各级经营主体；企业的计划、预算体系精确、细致、全面且完备，能有效指导其经营活动，严格按照计划、预算体系来执行经营活动，还能够及时发现经营偏差，并快速对各层级业务行为纠错。

许多企业上市后在计划控制能力方面存在以下问题：计划系统脱离战略目标，计划反映不出战略思想，战略无法有效实施，企业的计划、预算体系不能结合为统一的整体，预测偏失、计划粗浅；很多计划的制订并非出于为业务执行提供依据，更加无法作为依据去监督业务的执行。

能力 4. 组织适应

企业组织对各种环境变化的适应能力以及对战略的适应能力，是企业持续延长生命周期必备的核心要素。具备"未来可持续成长性"的企业在这项能力方面，表现出的共性特征是：在企业发展的各个不同阶段，都可以迅速地察觉内部组织对环境和发展产生的不适应，并迅速有力地在企业整体上推动变革工作，促使变革的观念深入人心，进而使变革成为常态，以保证组织机体能够通过变革不断更新。

在这方面，还有很多企业容易自我满足、膨胀自大，缺少必要的危机意识，不能有效地提前发现暗藏的危机，这些企业的共性是：企业不具备变革意识，对既有的利益格局无法做出调动，推动企业变革的能力严重不足；企业在上市发展到一定阶段后，因为缺少必要的变革止步不前，或是走下坡路。

能力 5. 组织创新

组织的创新能力，对企业的长期发展也具有极大的影响。具备"未来可持续成长性"的企业在这个方面，表现出的共性特征是：企业能够积极有效地激励各层级人才，不断提升和开发组织各层的创新能力，系统地开发、培养出技术、生产等人才以及中高级管理人才；人力资源管理呈现战略性，并且能够有效地保持对企业发展的支持。

然而，很多企业上市后暴露出以下问题：传统的惯性对人力资源管理地影响制约了企业的管理创新和战略发展；人力资源管理过多地背负了不应扛起的属性职能；人才开发机制的设置不完备，对中高级管理人才的开发、培养严重不足，因此制约了企业长期的创新发展。

上市后，资本市场给企业带来的自然增值总会有停滞的时候，企业只有"创造成长价值"才能保证自身的持续成长，价值有所提升才能驱动企业一路远行。

PART6

打造值钱的企业增值系统，赚钱就会是确定性的结果

价值效率系统：
通过并购占领资本市场

资本物语

高效，是企业永恒的追求。

目前，国内经济面临较大的下行压力，企业经营成本持续上升。在这样的商业大环境下，企业对于提升效率以实现更大目标的渴望比以往要强烈许多。然而，效率不仅来自组织内部，与价值亦是分不开的。尤其是在今天，我们所处的商业环境比以往任何时候都充满不确定性。在混沌的环境中，企业要靠标准化的价值观牵引，打造值钱的企业增值系统，赚钱才会是确定性的结果。

近年来，并购已成为中国资本市场上的热门话题，媒体狂轰滥炸式的"全民并购"宣传，让大众对各种"跨界并购案"耳熟能详。

企业并购（Company merger and acquisition），指两家或更多的独立的企业、公司合并组成一家企业，通常由一家占优势的公司吸收一家或更多的公司。

企业并购是实现资本效率最大化的有效手段。变成值钱的企业，或者被值钱的企业并购成为其一部分，是现在中小企业发展的一种路径。

并购在推动当前中国经济发展和企业改制中起着不可忽视的作用，但是并未达到人们的预期。当西方发达国家已进入相对成熟的并购新时代，我们其实还停留在原地。加上我国备其成长的土壤尚不肥沃等"先天不足"因素，导致许多企业的投资收益率并不理想。这些现实的问题导致很多企业"玩不转"并购。但随着我国市场的日益成熟，并购对于企业资本自我增值，有非常明显的竞争优势。收购一家经营状况暂时一般甚至是亏损的企业，通过并购整合使这个企业潜力无限，这就需要收购方一边承担并购过程中的风险，以实现企业长期的价值提升。

📁 通过并购，充分占有市场，实现资本效率最大化

对企业而言，通过并购占领资本市场，是企业提升运营效率和价值的有效路径之一，只是并购对专业性要求较高。企业不但要有对经济形势的把握，对行业的深入调研，对估值的精确考量，还要有经营企业的综合实力。

企业样本 1 **新三板最大并购案——新湖系互联网金融布局**

2014 年 8 月 12 日，大智慧[1]发布公告称：大智慧及全资子公司财汇科技拟与湘财证券现有股东签署《重组意向书》，拟通过向湘财证券全体股东非公开发行大智慧股份及支付现金的方式购买湘财证券 100% 的股份。大智慧称，该公司所处互联网金融信息服务行业，为形成与证券公司的深度战略合作，整合资源、发挥协同效应，寻求适应目前互联网金融高速发展的盈利模式，寻找新的盈利增长点，因此拟收购湘财证券的股权。

大智慧的公告称财汇科技拟以现金方式购买新湖控股持有的湘财证券 1.12 亿股股份（占总股本 3.5%），大

---

[1] 2000 年，大智慧在中国上海市诞生，为亿万金融投资者提供高速的证券行情及金融数据分析。公司于 2011 年 1 月 28 日在上海证券交易所挂牌上市，股票代码 601519。

智慧拟以发行股份方式购买其他股东持有的剩余湘财证券 30.86 亿股股份（占总股本 96.5%）。在购买资产的同时，大智慧拟募集配套资金 27 亿元用于向湘财证券增加资本金、补充湘财证券的营运资金。本次交易中湘财证券 100% 股份的作价根据有证券业务资质的评估机构出具的评估结果协商确定，原则上不超过 90 亿元。

按照目前大智慧公布的收购方案，同为"新湖系"的新湖控股和新湖中宝将换得 10.07 亿股大智慧股权，这个持股比例已经同张长虹家族所持有的 11.56 亿股极为接近。此次并购，是"新湖系"将旗下的证券资产（湘财证券）借助上市公司大智慧实现上市。无论对大智慧还是湘财证券，这笔交易是一个双赢的买卖：大智慧借助并购拥有了券商牌照，将有望成为真正意义上的第一家互联网券商；湘财证券则可以避开漫长的 IPO 排队通道，借助 A 股市场迅速扩充资本金，开展多项创新业务。

大智慧的此次收购，让神秘的"新湖系"的掌舵人黄伟出现在公众视野中。此次大智慧并购湘财证券，用大智慧新增发行的股份换取新湖系在湘财证券中的股份，势必会增多"新湖系"在大智慧里的话语权，这也为"新湖系"实施互联网金融战略提供了平台。

在大智慧收购湘财证券的背后，上市公司的控制权之争也令人浮想联翩，到底是张长虹借此实现大智慧从投资咨询机构到互联网券商的华丽转身，还是老辣的黄伟和他的"新湖系"借此次收购将旗下的证券公司推上 A 股，或许需要很长的一段时间才能看清端倪。

企业样本 2 联想海外并购，是赚了还是赔了？

联想集团于 2014 年 1 月 30 日宣布，以 29 亿美元的高价从谷歌的手中收购了摩托罗拉移动。令人诧异的是，联想没有收购看似更具潜力的黑莓等品牌手机业务，而是选择了日落西山的摩托罗拉移动。

消息一经公布，这桩并购便不被许多人看好，还有人说联想是在"收破烂"，买了别人都不要的过气业务。

2014 年 1 月 23 日，联想刚宣布收购 IBM 的 X86 服务器业务时，市场的反应是非常积极的，联想的股价也随之上涨 47%。英国《金融时报》有一篇专栏文章就此事件发表评论："三星股价因企业盈利表现一般而下滑，而联想股价则因一笔将会损害公司利润的交易而上涨。"

然而，没过几天，联想又宣布了将收购摩托罗拉移动，但市场上却一片看衰。联想收购摩托罗拉这个烧钱如"无底洞"的亏损企业，其目的在于超过小米手机跃居全球第三大智能手机厂商。然而，两年的时间过去了，联想手机业务非但没能成为全球第三，其全球市场份额已经彻底跌出前 5。这笔交易是否注定要失败？

当时，谷歌收购了摩托罗拉的短短两年之后，就急于将其卖掉，并把拆分后的手机业务卖给了联想。市场的反应对谷歌极其有利，这一消息宣布之后谷歌的股价上涨了 27%。

实际上，2011 年谷歌对摩托罗拉的收购从表现来看并不成功，但谷歌对这一不成熟的并购交易，做出了比较快的纠错反应。苹果公司的 CEO 库克对这一交易的评论是："摩托罗拉对谷歌来说是一场财务灾难，被卖掉是情理之中的事情。"

事实上，像谷歌等这样财大气粗的成功企业，舆论和资本市场对它会天然地更加宽容。就像万达集团这类财力同样雄厚，而且这些年也进行了很多海外并购的企业，其跨境并购就一定比联想成功么？

并购一个暂时亏损的企业并不意味着注定失败。

评价一项并购是否成功需要足够长的时间。在这段时间内，要通过观察和考量重大并购完成之后并购公司股价长期的变化，加之与市场指数变化进行比较才能做出大致判断，这也是我们看到的案例通常都相对较早的原因。

因此，长远来看，并购一个暂时亏损的企业，甚至并购双方的两家企业都处于亏损状态，也不是就注定意味着失败。

企业样本 3 **优酷土豆合并，实现资源共享**

优酷和土豆是国内早期出现的互相竞争的两大在线视频网站。2011 年底，两家还因为版权问题闹上了公堂。然而 3 个月后，2012 年 3 月 11 日两家签订最终协议，双方以 100% 换股方式进行合并。

当时，优酷、土豆是国内视频领域市场份额较大的两大网站。然而在线视频是一个烧钱的产品，时至今日仍无法盈利，主要原因是视频网站的盈利模式过于单一，一直依靠传统的广告作为主要的盈利点，而尝试的收费模式、版权分销并未取得预期的效果。

当时土豆困难重重，面临不上市即被收购的困局，上市后资金还是缺紧。优酷的日子一样不好过，版权费用水涨船高，若再继续耗下去，盈利更是遥遥无期。

当时，同行竞争激烈，56 背靠人人，奇艺背靠百度，权衡之下，土豆、优酷选择了合并。

合并后，土豆、优酷实现资源共享，内容相互交换，相当于视频的百货公司，内容的丰富有利于留住用户。优酷、土豆占据了国内视频市场的大半壁江山，合并后，竞争减少了，少了竞价对手，可以更便宜地获得影视版权。合并后的土豆、优酷在广告的投放、要价都更为主动，带动了更多 UGC 内容的聚合。

实现持有股权的市场价值及管理者财富最大化，是企业并购的最大效益。

在现实并购中，关于并购的种种细节，企业不可忽视。

1. 并购的好处

从土豆、优酷合并的案例来看，企业通过并购行为可以得到以下好处：

- 获取战略机会；
- 提高管理效率；
- 发挥协同效应；
- 获得规模效益；
- 买壳上市[1]；
- 降低进入新行业、新市场的障碍；
- 强化政府和企业家的市场意识；
- 调整产业结构，优化资源配置，转变经济增长

---

[1] 买壳上市：由于中国对上市公司的审批极为严格，上市资格（即壳）也是一种资源，某些并购是为获得目标企业的上市资格，通过到国外买壳上市，企业可以在国外筹集资金进入境外资本市场。

方式。

2. 并购的方式

通常情况下，并购以付款方式来划分，可分为以下方式：

- 用现金购买资产；
- 用现金购买股票；
- 以股票购买资产；
- 用股票交换股票[1]；
- 债权转股权方式；
- 间接控股[2]；
- 承债式并购；
- 无偿划拨。

3. 并购的程序

通常，并购的程序大致如图 6-1 所示。

---

[1] 交换股票：此种并购方式又称"换股"。一般是并购公司直接向目标公司的股东发行股票以交换目标公司的大部分或全部股票，通过换股，目标公司往往会成为并购公司的子公司。

[2] 间接控股：主要是战略投资者通过直接并购上市公司的第一大股东来间接地获得上市公司的控制权。

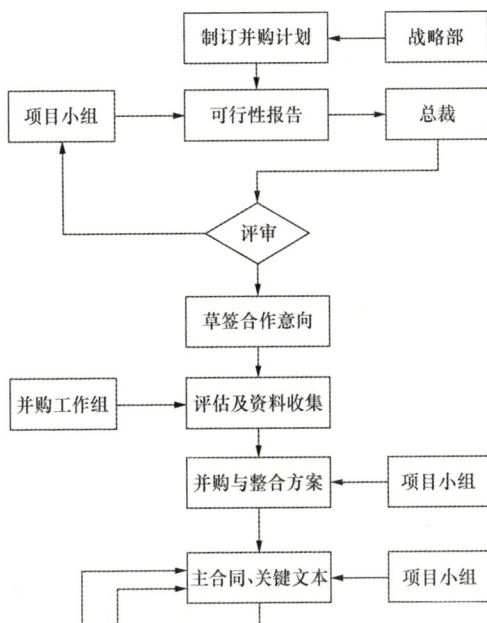

图 6-1　并购的程序示意图

具体如表 6-1 所示。

表 6-1　企业并购的一般程序

程序	内　容
选择并购对象	企业决策机构做出并购的决议，确定并购对象
提出并购方案	并购企业应对目标企业所提供的一切资料，如目标企业的企业法人证明、资产和债务明细清单、职工构成等进行详细调查，逐一审核并进行可行性论证，在此基础上提出具体的并购方案

（续表）

程序	内　　容
评估确定价格	以评估价格为基础，通过产权交易市场公开挂牌，以协议、拍卖或招标的方式，确定市场价格
签署并购协议	并购双方意向达成一致并签署相关协议
办理相关手续	办理产权转让的清算及法律手续
发布并购公告	并购完成后，并购双方通过有关媒体发布并购公告

价值领袖系统：
老板魅力引领资本精神

● ● ● ● ●
资本物语

老板在企业的价值系统里扮演着重要的角色。其个人魅力更是决定了企业的发展方向、团队的凝聚力与形象、企业未来的兴衰，更是企业文化的重要组成部分。

值钱的企业势必有着良好企业文化，其老板具有极强的个人魅力，反之，企业就难以长久和良性发展。

企业家的高度决定了企业的成就，而一个企业的面貌则取决于其领导者是否给力。

一家值钱的企业，关键要有一个值钱的核心创业团队，而这个团队中，要有一位灵魂人物——企业的老板。如比尔盖茨之于微软、乔布斯之于苹果。虽然他们的成长经历、教育经历、创业过程千差万别，但他们身上都有成功企业家必备的素质。那么，什么样的人可以打造值钱的企业？成功企业家有哪些必要的素质？

答案只有两个字：魅力。

20 世纪初，德国社会学家韦伯（Max Weber）提出了"Charisma（魅力）"这一概念，意指领导者对下属的一种天然的吸引力、感染力和影响力。

🗁 有魅力的企业家本身就是企业最好的广告

一个富有魅力的企业家本身就是企业的广告。

2015 年"双 11"，马云登上了湖南台晚会，为阿里巴巴站台。在中国，传统的企业家都是一本正经、高高在上的样子。但在娱乐晚会上，马云不惜自毁形象地融入节目。他这样的做法非但没有贬低身份，反而让观众觉得他是个亲民、有趣、没有偶像包袱、富有魅力的人。

粉丝文化深入人心的时代，不论是企业家，还是其他精英，都要以定位、提升自己的魅力值。

魅力样本 雷军的双重魅力——创业者与投资人

雷军，1969 年出生于湖北仙桃。大四时，受《硅谷之火》中创业故事影响，雷军和同学王全国、李儒雄等人创办三色公司，因经验不足、盗版猖獗，创业失败。

1992 年年初，雷军加盟金山公司；1998 年 8 月，担任金山公司总经理；2000 年年底，金山公司股份制改组后，出任北京金山软件股份有限公司总裁，完成了金山的 IPO 上市工作。

2007 年 12 月 20 日下午，雷军辞去了金山 CEO 职务。

2010 年 4 月，雷军与原 Google 中国工程研究院副院长林斌、原摩托罗拉北京研发中心高级总监周光平、原北京科技大学工业设计系主任刘德、原金山词霸总经理黎万强、原微软中国工程院开发总监黄江吉和原 Google 中国高级产品经理洪峰六人联合创办小米科技，并于 2011 年 8 月公布其自有品牌手机小米手机。

截至 2013 年 8 月最新一轮融资，小米估值超过了 100 亿美元。照此计算，小米科技将成为位列阿里、腾讯、百度之后的中国第四大互联网公司。

2014 年 12 月 4 日上午，《福布斯》杂志网站宣布，小米科技创始人雷军当选《福布斯》亚洲版 2014 年度商业人物。

2014 年 2 月，小米创始人雷军首次以 280 亿元财富进入"胡润全球富豪榜"，排位跃居大中华区第 57 名、全球第 339 位。

作为天使投资人的雷军，是许多创业者的贵人。他的资本成就了许多人的梦想。他投资的项目包括卓越网、逍遥网、尚品网、乐讯社区、UC 优视、多玩游戏网、拉卡拉、凡客诚品、乐淘、可牛、好大夫、长城会等二十多家创新型企业，并成立了天使投资基金顺为基金。雷军在选择投资项目时，通常考虑四个必备条件：大方向很好，小方向被验证，团队出色，投资回报率高。

而作为实业家，雷军不仅创立了一家受世界尊敬的企业，同时也成为一位备受瞩目、富有魅力的优秀企业家。

那么，一位富有魅力的企业家应具备哪些特质呢？答案如图 6-2 所示。

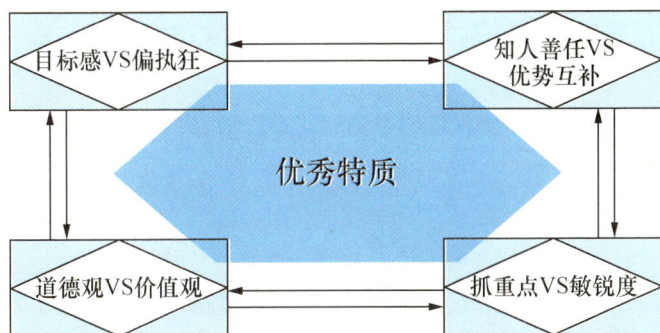

图 6-2　富有魅力的企业家应具备的特质

特质 1. 目标感 VS 偏执狂

一个值钱的企业，一定有一个勾勒目标的领导者，同时这个领导者通常是个偏执狂。

《西游记》取经小团队中，武力值最差的是唐僧，他靠什么让取经团队吃苦受累，经过 13 年，走了十万八千里，经历九九八十一难，团队一直没散伙，成功完成取经任务？唐僧是取经团队的灵魂人物，没有他就没有目标。唐僧是取经团队的绝对核心，13 年间，他面临被妖怪吃掉的危险，依然不改初衷，其他成员动摇或短期离队，他也没有动摇。这样的领头人才是真正的王。团队的核心成员不需要事必躬亲，只要给出一个伟大的目标就对了。

现实中的经验企业同样如此，一个伟大的企业，都是从一个伟大的目标开始的。

马云什么都没有的时候，靠梦想支持自己与团队。团队的核心人物不一定是最精明的那个，但一定是目标感最强、对理想最坚定的那个。成功的老板都是"偏执狂"，即对自己的理想最热情，不会轻易怀疑自己，不会朝三暮四改变方向。

特质 2. 知人善任 VS 优势互补

创业团队中，有目标明确的灵魂人物，就要有精明务实的 CEO 让理想落地。眼光要高，执行则要非常接地气，能解决问题。还以《西游记》为例，唐僧麾下，有能干的孙悟空。他神通广大，天上地下，人缘很广，本事又大，打怪杀妖。没有唐僧，就没有西去的方向，没有孙悟空，唐僧则寸步难行。

出色的企业家，要建立秩序，知人善用。企业建设是一个系统工程，选什么人做合伙人，亦是非常重要的事情。人才是聚来的，不是招聘来的。根据赫兹伯格双因素理论，在考察合作伙伴的时候，要考虑硬实力与软实力，即业务能力与人格魅力。不同的岗位在不同的偏差范围中，最终实现优势互补。

特质 3. 道德观 VS 价值观

"三观正"是企业家建立长青基业的基础。一切为了利润，不管利润里面包含了罪恶与他人的血泪，这是十分短视的行为。

财富是修来的，不是赚来的。君子爱财取之有道，企业亦有伦理，如合法经营、遵守契约，企业家做企业的过程也是做人的过程。有道德操守的企业家才能做出有价值的企业。

特质 4. 抓重点 VS 敏锐度

如今，值钱的企业都是风口行业的尖端企业。然而，敢于投身于未知的蓝海，需要勇气与决断，更需要企业家敏锐的直觉，即能排除细枝末节，一下子抓住本质。在创业的各个阶段，能够知道现在该干什么，下一步做什么，能够拒绝诱惑，能够做困难决策。领导庞大的企业、在时间的压力下要处理复杂多面的问题，是心智的重大挑战，要能从复杂的情况中，解析出关键要点，才能规划出有效的策略。在时间压力及众说纷纭的混乱中，企业家必须能专注在真正重要的议题上，对于无法达成的事项也要务实地放弃。

价值管理系统：
降低风险实施资本控制

资本物语

在资本面前，没有什么比风险更清晰。

而在企业家眼中，都希望利润最大化。

毕竟，企业就是为了创造利而润存在的。

从某种程度而言，利润代表了企业创造财富的能力，利润越多则说明企业的能力越高，越值钱。

同样，资本在投资企业时，作为投资方，除了要控制投资后可能发生的各种风险，亦希望自己的财富最大化，为此，企业有必要引入价值管理系统，将企业的利润和股东投入的资本结合起来考虑，通过风险控制及实施合理的财务管理，避免坠入"利润最大化"目标的陷阱。

值钱的企业需要有专业的价值管理人才，从一开始便规范企业的价值管理系统，实现开源节流的目标，同时控制风险的发生。

价值管理（Value Management），又称基于价值的管理（Value Based Management，VBM），是一种基于价值的企业管理方法（通常是指最大化股东价值），要做到这一点，企业首先应考虑到风险管控，即通过降低资本运营过程中的风险来争取资本控制的主动权。

涉及风险管理时，企业经常会落入这样一个陷阱——忽略了相对较大的风险，尤其是这个风险意味着企业要对付一个有缺陷的现状时，例如：

- 银行按揭贷款给那些除非房价继续上升，否则负担不起他们的房子的人，使之支付高昂的价格来减少不重要的风险；

- 盈利的缓和波动；

- 拒绝高回报的项目，而最差结果仅会使企业价值相对减少。

企业陷入这些陷阱通常就是因为薄弱的价值管理系统，而这可以大致理解为企业管理者在资本运作风险下行动的能力不足。

例如，许多企业有一种单一预测的做法，也就是说，一切资本支都归结为一个单一的财务预测，而不是多种方案。企业没有表现出任何超越基本情况的升值潜力，同样，企业也没有表现出任何最差的结果——这就是为什么有这么多的项目都只是马马虎虎，收入刚好超过其资本成本以获得批准，但没超过资本的期望。

📁 脚踏实地地进行风险管控，在冒险的道路上不要自欺欺人

当企业财务状况出现危险信号的时候，财务危机预警系统能发出警告，以提醒经营者及早做准备以减少财务损失，控制财务风险的进一步扩大。定期分析财务风险指标，

根据风险指标变化及时调整企业营销策略，剥离不良资产，控制存贷结构，控制资金投放量，减少占用的资金。

现代绝大多数企业都有成熟的财务风险意识。企业家应关注国家宏观政策的变化，及时了解国家产业政策、投资政策、金融政策、财税政策的变化，根据政策变化及时调整经营策略和投资方向，规避财务风险。

然而，企业有时会欺骗自己，认为自己是更富有经验的，因为他们使用先进的统计方法、管理办法，但他们往往误用这些技术。我们知道一家企业，它使用复杂的统计技术来分析项目，但结果总是显示项目净现值为负的概率为零。该企业没有能力讨论失败，只会讨论不同程度的成功。

企业若不踏踏实实地进行风险管控，风险就会从某种程度上对企业和投资者产生影响。

首先，由于企业的管理者们要决定如何处理风险管理，因此他们需要考虑，他们企业的投资者对风险的看法与他们有所不同，并且董事会成员可能对风险还有其他看法。通常，投资者在单个企业中只拥有其投资组合的一部分，因此他们可能更希望企业能够保证投资有巨大的潜在回报，即使成功的概率很低。企业可能不愿意承担相同的风险，因为失败将影响自己的未来道路。此时，企业管理者可能会更多地考虑限制收益下降的风险,而不是为了巨大的上升潜力而冒险。

其次,投资者通常在其投资组合下有数百种不同的股票,即使投资最集中的机构投资者至少也有数十种。因此,他们对任何一家企业的接触都是有限的。如果企业能降低投资者的风险,而且确保投资成本不高,那么投资者对于那些可以通过资金消除的风险,不会要求相应的回报,只向那些他们不能通过资金而消除的风险要求回报。

尽管风险对企业和资本都有一定影响,但是,因为大多数企业面临的风险是可控,至少是可分散的,所以大多数风险不影响企业的资本成本,前提是你得这样做,如图6-3所示。

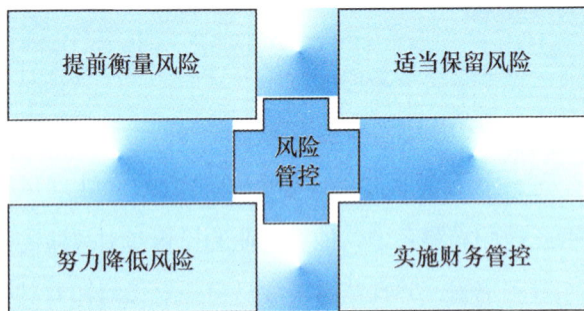

图 6-3　企业对资本进行风险管控的路径

路径 1. 提前衡量风险

一家企业不衡量所面临的风险,风险管理就是不可能实现的。通常情况下，企业依赖的是短期的历史数据。这种数据分析包括观察企业各个部门的生产力、创新力，以及收入依赖政府的人数比例（包括养老的受助人、政府雇员或福利受助人，在这种情况下，一个简单的数据分析可能比那些基于不相关的参数的复杂统计分析更靠谱）。

路径 2. 适当保留风险

决定接受哪些风险以及减少哪些风险，企业应该视具体情况而定，甚至在同行业中的企业也是这样。

企业样本　货币风险对全球啤酒制造商——喜力的影响

出于营销目的，喜力企业在荷兰生产其主打品牌——喜力，并且将它运往世界各地，特别是美国。相反，大多数其他大啤酒制造商，在他们的售出国市场中生产其大部分啤酒。因此，对于大多数啤酒制造商而言，汇率的变化只影响其收益到其报告货币的转换。

对下大多数啤酒制造商，他们的某个非本土市场的货币价值下降，就会转化为在这些市场的收入下降，利润同样下降。收入和利润的影响是相同的，因为所有的收入和成本都使用相同的货币。经营毛利不会有变化。

而喜力的情况是不同的。当汇率变动时，喜力的欧元收入会受到影响，但它的成本不会。如果美元贬值，喜力的欧元收入也下降了。但是，由于其成本是以欧元计算的，所以不变。假设刚开始利润占 4%，美元下降 1%，将使喜力的利润减少至 9%，而且以欧元报告的利润将下降高达 10%。

由于喜力啤酒的生产设施与其销售地处在不同的国家，所以其外汇风险远远比其他全球啤酒制造商大。及时控制风险对喜力企业的生存至关重要，而其他全球啤酒制造商可能不会在意，因为汇率变动的影响对他们来说并不那么重要。

路径 3. 努力降低风险

资本市场在减少经济风险上能提供的帮助是有限的。

一旦衡量了你的风险，并决定了要承担哪些风险，就要考虑哪些方式可以降低风险。例如，你是一家汽车制造商，在日本生产，进入美国市场出售。你的大部分成本，如劳务、工程、设计和一些原材料都以日元计价。如果美元贬值，那么你不能在美国市场提高价格（因为你的竞争者都在美国或欧洲生产，你的日元收入会下降，降低了你的日元利润）。

通常情况下，减少风险最可行的方法是使企业产生结构性变化，如转移生产，或者干脆确保企业拥有足够的金融缓冲、吸收风险的能力。

路径 4. 实施财务管控

财务管是在一定的整体目标下，关于投资、通资和经营中现金流量以及利润分配的管理。实施财务管控，可以将风险控制在一定范围内。

企业样本 2　**财务官对星巴克价值的解析**

星巴克（Starbucks）在中国现在已经开到了三线城市，作为咖啡文化的代表，星巴克的发展得益于首席财务官特洛伊·阿尔斯蒂德的策略。2008 年，他出任首席财务官，在经济危机最为严重的时期带领星巴克完成跨越式发展。

曾有央视名嘴对"星巴克咖啡成本不足 4 元"进行了曝光后，一时间许多用户认为花几十元甚至上百元消费一杯成本不足 4 元的咖啡实在不值，但也有许多网友纷纷打抱不平，认为星巴克售价相当合理。

关于咖啡成本的解析如图 6-4 所示：

图 6-4　关于星巴克成本的解析[1]

　　对此，星巴克的财务官对于星巴克的价值是这样认为的。

　　首先，星巴克不仅仅卖咖啡，它的品牌价值在于咖啡店提供的体验。然后将这种咖啡文化推广到全球，尤其是在亚洲获得了巨大成功。星巴克将客户体验视为生命，在星巴克，服务员与顾客之间一直有种互动的力量。为此星巴克收购了一款社交软件，增加与顾客互动的频次和方式，在平台上，顾客讨论他们最喜欢的产品，讨

---

[1]　图片来源：铂略财税咨询，英文 Linked-F，专注于财税专业资讯及财务管理最佳实战经验的研究与传播。

论他们在星巴克的见闻，而不是仅仅向他们推送产品信息。

星巴克高调收购 Teavana[1]，看重他们极强的茶叶采购能力，经过重新设计的 Teavana 为星巴克的业绩带来了增长。

星巴克的财务官总结近几年星巴克成功的诀窍时说："扩充增长战略，所以我们的增长重心越来越偏重于店外，通常以资本不太密集的方式来增长业务。我们重视咖啡店的投资收益率，确保我们的投资都是战略性投资，都能在未来推动业务的发展。我们寻找美国投资资本收益率最高的地方。我们把眼光放在了不断增长方面。我们知道，我们的工作是给股东的宝贵资本带来越来越多的收益。"

财务不同于其他部门，本身并不能创造什么价值，但由于企业财务管理直接向管理层提供第一手的信息，因此，企业财务管理实际上是一个隐性的管理部门。企业上市后，随着各项风险的来临，财务管理也会被提上日程。不为别的，风险管控不是作秀，在冒险的资本道路上请不要自欺欺人！

---

[1] Teavana 是美国纽交所上市公司，一家茶叶零售商，市值近 10 亿美元。

价值塑造系统：
社会影响参与资本竞争

●●●●●
资本物语

一个值钱的企业在社会上必然有着良好的社会美誉度，这会给企业带来许多无形的益处。例如，你的企业招聘门槛高，外界印象一向是非常难进入，但由于你的企业在社会上的美誉度较高。人才在面对选择时，就会更倾向于进入你的企业。首先他会觉得在你的企业工作有一种自豪感，自信心爆棚，在这里工作是愉快而充实的。同时，招揽到更好的人才，社会也对你的企业另眼相看，这样一来你的企业在社会中的影响力和美誉度就会成为一个非常有竞争力的砝码！

美誉度，指一个组织获得公众信任、好感、接纳和欢迎的程度，是评价组织声誉好坏的社会指标，侧重于"质"的评价，即组织的社会影响的美丑、好坏。

⌒ 足够的社会美誉度令值钱的企业更有竞争力

值钱的企业通常是经常出现在正能量爆棚的活动上的企业，这是因为值钱的企业爱惜羽毛，遵纪守法，并能运用现代传媒的力量，通过社会活动，提升企业的知名度与大众好感。

可以说，现代企业形象塑造与企业担负更多的社会责任，是新时代企业文化境界与层次提升的主流。21 世纪的企业核心竞争已经不仅仅是物质基础、技术力量的竞争，而应该是企业综合实力的竞争，但不论以何种载体，都必须是以企业文化为导向的更高层次的竞争，如社会影响力、美誉度的竞争。

企业样本　**"萌物营销教科书"美誉令熊本部长熊本熊影响力与日俱增**

2016 年最火的吉祥物是什么？是熊本熊！

这只行动笨拙、内心贱萌、自带两坨腮红的萌物在近两年迅速风靡全世界。熊本地震期间，熊本熊部长出现在临时救助站时，受灾民众得到最温暖的慰藉。这位超越萌物界的前辈 Hello Kitty 和哆啦 A 梦的公务员吉祥物，是萌物营销的教科书级别的案例。

没有哪个地方的吉祥物像熊本熊这么大牌，熊本熊的粉丝遍布全球，参加红白歌会，会见外宾，曾在日本天皇和皇后面前表演。短短两年内，熊本熊为熊本县带来12亿美元经济效益。

熊本熊的成功要归功于正确的营销策略，熊本县政府在整个过程中扮演了非常重要的角色。最初，县政府委托本县的知名作家小山薰堂构想本县的吉祥物，小山找到著名设计师水野学共同设计。水野学提出以一个更加吸引人的方式推广这个概念。

县知事蒲岛郁夫果断接受了这一建议。为了突出本县特色，水野学以熊本城的主色调黑色与萌系形象经常采用的两颊腮红（红色也蕴含了熊本县"火之国"的称号。）为基础，创作出了数千种形象组合，最后在其中选出了如今看到的呆萌呆萌的熊本熊形象。配合外貌，设计师为熊本熊定好了流行的"呆萌"和"贱萌"的属性。2010年3月5日起，熊本熊呆萌的形象就逐渐出现在熊本县出产的商品中。

熊本熊诞生后，县政府启动了相应的营销计划。

首先，县政府聘任熊本熊为临时公务员，这个新闻本身就够吸引眼球了。熊本县一本正经地开始将二次元的事情带到三次元，蒲岛郁夫将"在大阪分发一万张名片，提升熊本县知名度"的任务交给了熊本熊。这个新闻一出，各路媒体纷纷出动。这次活动大获成功，熊本熊成功俘获大量粉丝。一年以后，熊本熊被蒲岛知事正式任命为熊本县营业部长（地位仅次于知事与副知事，且直接听命于蒲岛知事），"部长"成了熊本熊的昵称。

2013 年 11 月，县政府又进行了一次全民营销活动，熊本熊丢失腮红案件，部长甚至跑到东京警视厅报案。日本媒体表示，这次事件达成了 6 亿日元（约合 3360 万人民币）的广告营销成果。

如今，熊本熊早已红透半边天，"营销教科书"的美誉让熊本熊的知名度也有了极大的提升。

2013 年 4 月，日本地方经济综合研究所的调查显示，九州、关西和首都圈地区的居民对熊本县的印象分别从 2011 年的第 6 位、第 6 位和第 7 位，上升至第 2 位、第 3 位和第 5 位。

此外，民众前往熊本县观光旅游的意愿也有大幅提升。申请授权的商品从 2011 年的 3600 件，升至如今的 20000 件。根据日本银行的计算，熊本熊出道的头两年（2011 年至 2013 年），就为熊本县带来了 1244 亿日元的收益（约 76.3 亿人民币）。

企业提升影响力、美誉度，必须讲究科学性、整体性，任何一个单一的方式都不能称之为完整的价值塑造系统，打造企业价值系统的路径如图 6-5 所示。

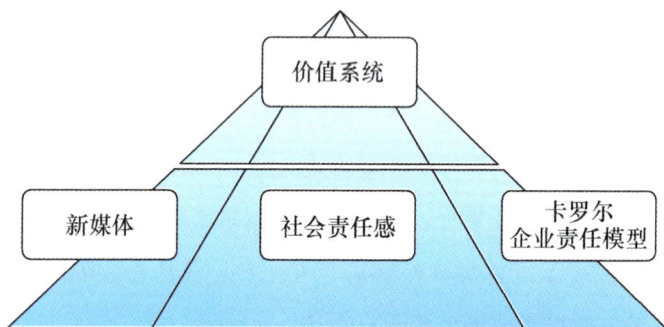

图 6-5　打造企业价值系统

路径 1. 利用新媒体进行品牌传播

现在早已是自媒体时代，有了新的传播形势，大众对信息的取舍也有了新认识。人们不再只相信官方媒体，任何不当的宣传都会起到反效果。危机公关是每家值钱企业必须面对的课题。学会使用新媒体，了解用户的心理，善于分析用户群和粉丝群的数据，才能做到有的放矢，精准投放。

路径 2. 社会责任感是美誉度基础

所谓影响力和美誉度，其实更是一种信赖。

如今，人们都推崇匠人精神，即是对产品质量提出更高的要求。一个丑闻足以毁掉基业。经过三鹿奶粉事件，中国乳制品也受到沉重打击，另一方面也促使行业重视质量。企业的美誉度建立在产品过硬的质量，产品好，配套服务好，口碑自然好。如海底捞，成为中国餐饮服务的标尺，广为赞誉，靠的是真功夫。

因此，企业的美誉度不应流于表面，厂房漂亮、包装华丽、企业员工统一化管理，看起来很光鲜，做足了表面功夫，却丢掉了企业的生命，这是舍本逐末。追求盈利的同时一定要有高度的社会责任感。

路径 3. 引入卡罗尔企业责任模型

根据卡罗尔企业责任模型[1]，企业的社会责任包含了在特定时期内，社会对经济组织经济上的、法律上的、伦理上的和自行裁量的期望，卡罗尔的模型是一种金字塔形的结构，经济责任是基础，也占最大比例，法律的、伦理的以及自行裁量（如慈善）的责任一次向上递减，如表 6-2 所示。

---

[1] 卡罗尔企业责任模型：即 CSP 模型，卡罗尔通常被认为是企业社会绩效理论的倡导者，他从九种较具代表性的观点中，总结出一个三个维度的 CSP 模型。卡罗尔模型具有两个基本特征，一是对企业社会责任概念的扩展，二是对企业社会责任、有效回应和回应行动的综合。

表 6-2　卡罗尔企业"金字塔"责任模型

"金字塔"层数	具体内容
第一层：经济责任	此时的责任是盈利，几乎所有的活动都应该建立在盈利的基础之上
第二层：法律责任	此时的责任是守法，法律是社会关于对错的法律集成，企业应遵守"游戏"规则展开活动
第三层：伦理责任	企业行事应该合乎伦理。企业有责任做正义、公平、公正的事，避免损害相关利益者的利益
第四层：慈善责任	成为一个对社会有益的企业公民，在力所能及的范围内，为社会捐献有用的资源，提供帮助

企业在自我塑造时，可以从上述四个层次出发，即打造企业的经济形象、法律形象、道德形象和慈善形象四个形象。

路遥知马力，日久见人心。

企业影响力和美誉度的形成、积累有一个过程。企业形象的塑造不可能得到及时回报，需要大量的投入，它需要企业家从长远利益出发，才能逐步得到社会的认同，并得到响应的回报。

价值倍增系统：
完善机制实现资本运作

● ● ● ● ●
资本物语

不管最终是否选择撤退，风险投资的本性都是追求高回报的，依赖"投入—回收—再投入"的不断循环实现的自身价值增值。

风险投资赖以生存的根本是资本流动。资本在不断循环中实现增值，以此吸引社会资本加入风险投资行列。

说到底，风险投资的本质是资本运作，而退出则是获取收益的保障，同时也是企业和资本全身而退、进行资本再循环的前提。

企业和资本有了合法的退出渠道，我国的资本市场才得以实现真正的资本顺畅流通。

所谓投资退出机制，是指风险投资机构在所投资的风险企业发展相对成熟或不能继续健康发展的情况下，将所投入的资本由股权形态转化为资本形态，以实现资本增值或避免和降低财产损失的机制及相关配套制度安排。

风险投资的本质是资本运作，退出是实现收益的阶段，同时也是全身而退进行资本再循环的前提。

企业样本 1　小肥羊"嫁入豪门"后的退出之路

1999 年，小肥羊创始人张钢在包头开了第一家门店。

2004 年卢文兵在张钢的力邀下"空降"小肥羊，担任主管上市工作的副总裁。同年，小肥羊以 43.3 亿元的营业额名列全国餐饮企业百强第二，全国门店数量最高峰时达到 721 家。投行出身的卢文兵，深知上市需要引入外资，也深谙外资看重什么。

2006 年 6 月，随着 2500 万美元风险投资的注入，王岱宗作为 3i 集团[1]对小肥羊项目的主要负责人，进入小肥羊董事会，担任非执行董事。此外，汉堡王前副总裁尼什·坎基瓦拉和肯德基香港公司行政总裁杨耀强，亦作为 3i 代表，成为小肥羊独董。

变身公众企业后，张钢在管理上更为放权，他常年驻

---

[1] 3i 集团，即 3i Group plc，LON:III，是伦敦证交所上市公司，FTSE100 强公司，也是国际领先的私募股权投资公司，有着 60 年的投资历史，管理的资产达到 140 亿美元。

海外考察市场，很少涉足小肥羊的具体经营；而王岱宗和杨耀强在小肥羊的工作重心亦由助力上市转向日常经营。然而百盛系的管理者在中餐管理上适应不良。职业经理人和创始团队之间的分歧和矛盾日益激化，张钢必须在兄弟和职业经理人之间做出选择。

杨耀强、王岱宗先后辞职。

2010 年，小肥羊全年营业收入同比增长了 22.6%，达到 19.25 亿元，但息税前利润率却同比下降了 2.7%。除了增长瓶颈，小肥羊海外扩张宣告失败，正是此时，张钢萌生了退意。

2010 年 5 月，小肥羊肉业公司正式改制为内蒙古小肥羊食品有限公司，专注于生态养殖、羊产业精深加工等产业链上游，从后台走向市场前沿。

2011 年 5 月 3 日，小肥羊发布公告，百胜集团将以总额近 46 亿港元现金私有化小肥羊，其旗下调味品业务也一并出售。通过私有化交易，张钢、陈洪凯和其他创办人及管理层，合计向百胜售出约 3 亿股小肥羊股份，以收购价每股 6.5 港元计算，他们获得共计 19.5 亿港元。

上市不到 4 年便退市，"嫁入豪门"的小肥羊虽然前途未卜，但张钢等创始股东的创富故事却已有完美结局。

企业样本 2 聚美优品私有化的"脸谱"

聚美优品是一家化妆品限时特卖商城，其前身为团美网，由陈欧、戴雨森等创立于 2010 年 3 月。

2014 年 5 月 16 日晚间，聚美优品在纽交所正式挂牌上市，股票代码为"JMEI"，成为中国首个赴美上市的垂直化妆品电商，以每股 22 美元发行。

令人意想不到的是，上市后的聚美优品的发展似乎并没有想象中顺利。

在 2015 年度，聚美优品的股价持续走低，这也是作为 CEO 的陈欧在致员工内部信中一再强调私有化的最重要原因——"在美股市场被低估"。

从这句话或多或少能体会到陈欧最终选择退市的无奈。

陈欧在曝光的内部信中的解释："即使在过去资本疯狂，无数电商疯狂烧钱，巨额亏损的恶劣竞争环境下，聚美仍然可以在保持增长的同时维持盈利能力。基于对目前业务环境和资本环境的判断，聚美决定私有化。私有化将有利于公司在转型期更灵活，做更长期的决定，能让公司更好的应对转型和竞争。"

📂 完善的退出机制是增加资本来源的关键

只有看到资本运动的出口，才会将资金投入风险企业。通畅的退出机制是扩大风险投资来源的关键。风投与一般投资相比风险更高，一旦风险投资项目失败，不仅获得资本增值的愿望成为泡影，能否收回本金也将成为很大的问题。风险投资扶持潜力企业成长，不会一棵树上吊死，为了规避风险，必然会将鸡蛋放在不同的篮子里。

目前资本的退出形式主要有公开上市、股份转让、股份回购和公司清算等，如表 6-3 所示。

表 6-3　风险投资退出的四种基本方式

方式	具体内容
公开上市	Initial Public Offering，简称"IPO"，是指将风险企业改组为上市公司，风险投资的股份通过资本市场第一次向公众发行，从而实现投资回收和资本增值。风险投资者通过风险企业股份公开上市，将私人权益转换成为公共股权，转手以实现资本增值。股份公开上市是风险投资最理想的退出渠道，可以让投资人获得高额回报
股份转让	股权转让是《企业法》中的一项基本法律制度，主要是指股东对所持有的公司股权的转让

（续表）

方式	具体内容
股份回购	股份回购是指公司按一定的程序购回发行或流通在外的本公司股份的行为，是通过大规模买回本公司发行在外的股份来改变资本结构的防御方法
并购退出	风投的股份将随企业的股份整体出售给第三方投资者。这里的第三方投资者通常为战略并购者
转售退出	这种退出方式是指风险资本单独将其所持有的风险企业股份出售给第三方投资者，不同于并购退出方式，在转售方式下，只有风险资本会将其所持有的企业股份出售给第三方，其他企业股东保持不变。第三方投资者购买股份的目的通常是为了能够获得该企业的技术，或者为了将来能够对企业进行进一步的收购重组
回购退出	回购退出方，是风险资本将其所持有的风险企业股份出售给企业，企业的管理人员利用借贷资本或者股权或者其他产权收购该部分股份。如雅虎退出阿里时，阿里回购了雅虎的资本
公司清算	指公司解散时，为终结现存的财产和其他法律关系。风险企业 IPO 不顺，风投资金回收期较长，达不到预期投资目的，就会选择从项目中撤出，企业在风险资本退出后难以吸引到新的投资者时，企业就不可避免要选择破产清算。清算也意味着风险投资的投资失败

除了上述的退出机制之外，还有一些退出机制经常为

一些境外投资者，尤其是一些创业投资者所用。其退出机制主要有管理层收购等。不管哪一种退出方式，不断完善，选择适合企业的退出机制是避免风险、获得收益的保障。

成长为一家专注于创造长期价值的企业

近年来，我国上市企业在快速发展的同时，也日益暴露出了企业经营业绩下滑、治理困难、效率低下、资本结构不合理、市场表现不佳等一系列问题，对我国上市企业价值创造能力和可持续发展造成了不同程度的影响。

价值是企业成功的基石。

但是，知道价值在哪儿，与知道如何提升价值、成为值钱的企业完全是两码事。

那些与长期价值创造相一致的行为，总是在不断挑战企业沿用多年的珍贵实践。

成也好、败也罢。大多数企业，尤其是传统企业都不怎么喜欢改变。即便是在各项条件最优的情况下，改变一个长期的行为也是非常困难且痛苦的。

不破不立。

若不变革，不拥抱时代的变化，就很难成长为一家值钱的企业。

从某种程度而言，一家企业能否将自己转变为以创造长期价值为导向的企业，将取决于其转变的态度和决心——以成长为一家专注于创造长期价值的企业为使命。至于该如何成长，相信阅读本书后的你已经找到了心中的答案。

菩提本无树，明镜亦非台。本来无一物，何处惹尘埃？

企业成长，本就是一个来也匆匆去也匆匆的旅程，最美的就是这样一路风雨兼程。

资本之路也更多的是实践，而非戏剧化、理想化的"商战"，那是电影，不是现实。

自古以来，成王败寇。你我如此，创作如此，做人、做事、做企业也都是如此。

而企业成长的过程所带来的价值，正如同一本书的创作。或许，一本书能够引起读者的分享和批判，一千个读者就有一千个哈姆雷特，而分享与批判本身就是创作最大的价值。

所以，无论你现在的企业是否具备进入资本市场的条件，都有继续成长的价值。成长是希望的起点，它的铠甲应该是充满希望的金黄色；而一成不变往往是事物的终点，黑暗是它的颜色。成长过程中，成功与失败都有才完整，正如人生未必完美，但要完整。

这些年，我努力用文字构建了这样一个世界：鸟语花香，有故事有树却无风，在未来的时空，希望还能继续与读者朋友们一起出发，踏上山巅，遇见雷雨，看见彩虹初现，哪怕仍有山雨欲来，放眼望去，满目飘曳的雨丝里，也能闻见一路芬芳，看见满目青翠、充满希望的世界。

附　录

作者经典语录

良言一句三冬暖。

很多时候，一句温暖贴心的话语，能给人以安慰和勇气。

下表是本书作者的部分经典语录分类节选。

关于企业上市、经营理念、人际沟通……

相信总有一句话能够在你最需要鼓励和指导的时候，给你继续赶路的力量。

即便是在绝望之时，也可以听听徐新颖老师的金玉良言，然后抬头看看天，想想存在的意义，再大踏步前进！

表　经典语录分类节选

类别	内　容
企业上市	世界上最好玩的游戏是公司上市，上市公司是世界上最大的财富制造机器
	唯有上市，企业家才有能力对得起所有的追随者
	从资本的角度出发，企业家只是资本家完成财富积累的工具；工薪阶层是企业家完成财富积累的工具。你的人生怎么定位，决定你将获得怎样的成就
	21 世纪做企业，一定要把可以看到的钱让利给消费者，赚资本市场的钱
	我们没有能力给员工分几千万净利润，但可以通过资产证券化，给员工分一点点股权从而帮助他们实现财务自由
	资本市场关注的是想象空间
	世界上所有伟大的公司，只有一个终极归属地，那就是资本市场，世界上所有伟大的金融机构，也只有一个终极归属地，那就是资本市场。说得更通俗一点，企业一定要上市
	上市才能借势，借势才能得势
经营理念	在中国做生意不要跟着感觉走，而是要跟着政策走！永远不要和趋势作对
	诚信有时比生命更重要，经营企业和做人一样，不能失去诚信
	当赚钱的行业中一旦出现值钱的企业，这些赚钱的公司就集体完蛋

（续表）

类别	内　　容
经营理念	钱不是赌来的，利不是争来的，财富是修来的。当一个人赚的钱不够干净的时候，老天会派一个人或一件事以合理的方式把你的财富带走。当你赚的钱不够干净的时候，你赚的就不是财富，而是业障
	所有赚钱的公司不一定值钱，但所有值钱的公司一定会赚钱。老天绝不奖励最勤奋的人，只奖励会选择并努力工作的人
	赚钱的公司和值钱的公司的区别：赚钱的公司投资款是自己的钱、股东的钱、银行的钱；而值钱的公司拿的是风投的钱
	从当下开始，我们只做值钱的公司，不做赚钱的公司；我们只投资值钱的公司，不投资赚钱的公司；我们只为值钱的公司工作，不为赚钱的公司工作；因为为赚钱的公司工作，永远无法实现财富自由；为值钱的公司工作，拼搏 3 ～ 5 年，我们就可以坐享财富自由
	全世界最厉害的老板，都是不亲自当老板的老板；亲自当老板的老板，都是还需要进步的老板
投资理财	不计自己的资本最大化是对生命的浪费！小帮助亲人和朋友的资本实现价值最大化是缺乏家族责任感
	最不值钱的是钱，最值钱的是钱背后的主人
	任何投资都有赚有赔，唯有投资大脑会稳赚不赔
	圣商让你净资产主动或被动升级
	人生最大的智慧就是把钱花对人、花对事、花对地方
	天下一切财富的主人都是自然人

（续表）

类别	内 容
投资理财	为什么一定要亲自做一家上市公司呢？为什么不能通过投资成为多家上市公司的股东呢？
	对于工薪阶层而言，一辈子最大的梦想，是为了获得千万年薪；对于专业投资人而言，人生最保底的目标，就是拥有几十家上市公司的股权
成功励志	成功与努力无关，关键是选择与谁同行
	人生最大的悲哀，莫过于在穷人堆里做富人，这无异于浪费生命。所以一定要在富人堆里做穷人，才能使你有再次奋斗的羞耻心
	智慧如逆水行舟，不进则退；财富如逆水行舟，不进则退
	想和成功之间就只差两个字：行动。知道和得到之间就只差两个字：行动
	在一个机会面前，宁可明明白白搞清楚，不适合自己，放弃；也不要再稀里糊涂错失一次商机
人际沟通	感情是"骚扰"出来的，比你混得好的永远不会骚扰你，而是骚扰比他混得好的人
	诸事不顺皆因不孝，不孝怎么会顺呢？孝背后是感恩敬畏
	没有拿起，谈何放下
	小人争利，大人舍得
	不要计较得失，敬畏天地，相信因果才会有大成

（续表）

类别	内 容
修身养性	多走走看看，不观世界，何来世界观
	当我们拥有足够的德行，当我们拥有足够的智慧，想贫穷真的很难
	打造贵族不需要三代，只需要从我做起
	事情如我意，出乎意料；事情不如我意，合情合理
	让我们的孩子和我们一起修心，修德，修福，必须有德行才能承载更多的财富
	吃亏是福，吃大亏得大福；吃小亏得福，用大爱去包容